Dietmar Woikowski

Die HYPO

Eine Bank – kein Wort

Meine 15-jährige „partnerschaftliche" Zusammenarbeit
mit dieser Bank

Weitere Informationen im Internet unter http://www.woikowski.de

Buchtitelgestaltung: Christina Mayer, München
Illustration: Geoff Grandfield, London

Alle Rechte liegen beim Autor.
Herstellung: Libri Books on Demand, Hamburg

ISBN: 3-00-004485-X

Dieses Buch widme ich

meinen Eltern,

meiner Frau Beate

und meinen drei Kindern - Nina, Tanja und David

Die Gerechtigkeit ist das Recht des Schwächeren

Joubert

Je mehr einer weiß, desto mehr bezweifelt er

Voltaire

Das Leben wird rückwärts erkannt, muß aber vorwärts gelebt werden.

Sören Kierkegaard

Lieber Gott,

Bitte laß mich das, was ich nicht ändern kann, gelassen hinnehmen.

Gib mir Mut, das zu ändern, was ich ändern kann,

und gib mir die Weisheit,

zwischen beiden Dingen zu unterscheiden.

Inhaltsverzeichnis

1. Für die Einen sind es Peanuts,
   für die Anderen geht es um die Existenz
   Eine ungleiche Partnerschaft............................ 7

2. Gescheiterte Ehen, zerstörte Existenzen und
   zwei Selbstmorde – die aktuelle Lage.................. 29

3. Amerika
   das Land der unbegrenztenen Möglichkeiten........... 39

4. Mit den besten Empfehlungen
   Eine Bank – kein Wort..................................... 52

5. Statt günstiger Kredite teure
   „Zwischenfinanzierung"................................... 63

6. Schluß! Aus! Ende!
   Die Bank will mir den Strom abstellen................. 82

7. Konkurs und Versteigerung,
   Gebühren, Provisionen, Zinsen
   Ein blühender Geschäftszweig........................... 93

8. Vom Unternehmer zum Gabelstaplerfahrer -
   Gespräch mit einem guten Freund...................... 115

9. Herr Eibl
und seine Fälle.. 119

10. Vermögensbildung der anderen Art
St(r)andort Deutschland................................ 138

11. The Show must go on -
Talkshows und Briefe an Politiker/innen............... 152

12. Den Krallen der Bank entkommen?
Schlußbemerkung... 176

1.
Für die Einen sind es Peanuts, für die Anderen geht es um die Existenz - eine ungleiche Partnerschaft

Vorwort

Kaum eine andere Branche ist in den letzten Jahren derartig in Mißkredit geraten wie die der Geldinstitute.

„ Keine Branche geht so ruppig mit ihrer Kundschaft um, wie die Kreditwirtschaft," hieß es in der Frankfurter Allgemeinen Zeitung. „Wie moderne Raubritter" formulierte „Die Zeit".

„ Die Beratung der Banken ist mehr als dürftig," befand „Finanztest." Und der Herausgeber und Chefredakteur des Magazins Mark, Hans Zinken fand ebenfalls deutliche Worte :

„ Die Mehrzahl der Deutschen glaubt immer noch an die Objektivität der Bankberater wie Kinder an den Weihnachtsmann."

Aber die Zahl der Kunden, die zunächst Vertrauen zu einem Bankberater haben, dem seriösen Schein, den die Banken um sich verbreiten, Glauben schenken, nimmt mehr und mehr ab. Das Vertrauen der Bankkunden wird in dem Maße erschüttert, da Bankbosse von „Peanuts" sprechen, wenn es um viele veruntreute Millionen MARK geht. Das Vertrauen nimmt in dem Maße ab, da Bankchefs sich gleich von vornherein selbst von jedem Verdacht freisprechen. Im Fall der jüngst bekanntgewordenen und von der Staatsanwaltschaft untersuchten mutmaßlichen Bilanzfälschungen bei der Hypo-Bank sagte ausgerechnet das für die Bilanzierung zuständige frühere Vorstandsmitglied Werner Münstermann „ er mache sich da keine Vorwürfe." (vergl. Artikel in Die Welt vom 11.März 1999). Immerhin geht es um den Verdacht der Untreue bei der Vergabe von Krediten in der gewerblichen Immobilienfinanzierung. Immerhin geht es um Milliarden MARK, die die Hypo-Bank für Werte kassierte, die gar nicht existierten.

Die Hypo-Bank habe die Kunden „ wissentlich reingeritten," sagt Thomas Bieler, Baufinanzierungsexperte der Verbraucherzentrale Nordrhein-Westfalen. Die Hypo-Bank hat nachweislich gewußt, daß die Objekte viel weniger wert waren als der Kaufpreis, ohne dies den Kunden zu sagen.

Einer der Betrogenen, Josef Amstler, weiß inzwischen, daß er damals beim Kauf seiner Immobilie „schrecklich naiv" war.

„Ich habe mich damals auf meine Bank verlassen", sagt er. „Aber das würde ich heute nicht mehr tun." (zitiert nach dem Artikel in der Süddeutschen Zeitung vom 13./14.März 1999).

Diese Aussage könnte Wort für Wort auch von mir stammen, denn auch ich vertraute der Bank und den Bankberatern, denn auch ich glaubte dem seriösen Schein. Ich glaubte, daß die Bank mich kompetent und seriös in allen Finanzierungsfragen beraten würde, daß die Bank mein wirtschaftlicher Partner wäre, doch dieser Vertrauensvorschuß war, wie ich heute, fünfzehn Jahre später, weiß, nicht gerechtfertigt.

Fünfzehn Jahre sind eine lange Zeit. Hätte mir ein Freund vorher gesagt, was auf mich und meine Familie zukommen würde, als ich am 5. Oktober 1984 ein Konto bei der Hypo-Bank in Landshut eröffnete, ich hätte mir das kaum vorstellen und es vermutlich auch kaum glauben können. Diese fünfzehn Jahre stehen für mich für fünfzehn Meter Aktenordner in einem eigens dafür angefertigten Aktenschrank und für 150 Kilo Dokumente. Durchschnittlich wuchs der Aktenberg also um 1 Meter und um 10 Kilo pro Jahr.

Mein roter Aktenschrank, der gleich neben dem Eßtisch steht, ist angefüllt mit Kostenvoranschlägen, Urteilsbegründungen, Rechnungen, Mahnungen, Belegen bezahlter Rechnungen, Analysen, Beratungen, Gutachten, Schriftwechseln mit Anwälten und schließlich

Korrespondenz mit Gleichgesinnten, die genau wie meine Familie und ich zuviel Vertrauen in eine Bank hatten.

Aber der Aktenschrank legt auch Zeugnis ab von meinem Entschluß, nicht kampflos aufzugeben, sondern nachzurechnen, zu dokumentieren und – das hatte ich mir immer vorgenommen – eines Tages über die mir ungeheuerlich erscheinenden Vorgänge Bericht zu erstatten.

Ich habe Jahre gebraucht, um alle Akten zusammenzutragen und zu ordnen, um Bewertungen von unabhängigen Beratern einzuholen, um mich geschäftlich und auch juristisch umfassend beraten zu lassen und auch selbst zu informieren.

Inzwischen ist es möglich, den mir und meiner Familie entstandenen Schaden fast genau auf Heller und Pfennig zu deklarieren.

„Diese Schadensposten sind allerdings in rechtlichen Kategorien nicht erfaßbar," schreibt ein Gutachter, der sich mit meinem Fall jahrelang befaßt hat, dem Fall eines Handwerksmeisters, dem die Bank trotz guter Auftragslage den Strom abstellen wollte um damit den Betrieb lahm zu legen.

Was er meint, ist das Leben. Oder besser : Das entgangene Leben.

Was er meint, sind die Nächte, in denen man nicht schlafen kann. Schweißgebadet schreckt man immer und immer wieder hoch. Der Alptraum Bank läßt einen nicht mehr los. Einmal im Würgegriff des Zins und Zinseszins, der Zwischenkredite und Liquiditätsbeschaffung bleibt für das Leben, für die Familie, die Ehe, die Kinder, keine Zeit mehr.

Es bleibt auch keine Zeit mehr für den Betrieb, denn die Bank wird allmählich zum Betrieb, für den man arbeitet. Die Folgen kann sich jeder vorstellen.

Als ich mich 1985 als Handwerksmeister selbständig machte, versprach mir die Bank das Blaue vom Himmel. Alles schien einfach, logisch und klar. Ich hatte schon bevor ich mein Geschäft offiziell eröffnete, Aufträge im Volumen von über 300.000,- MARK. Die Zukunft sah gut aus.

Ich steckte all meine Energie in den Betrieb, in die Fertigung von exklusiven Möbeln, bildete meine Mitarbeiter aus und erweiterte meinen Kundenstamm. Daß ich bald all meine Energie für die Bank aufbringen müßte, daß die Bank sozusagen alle Energie, die doch allein für den weiteren Aufbau des Geschäftes gedacht war, absaugen würde, hätte ich mir nicht vorstellen können.

Ich dachte mir die Bank als Berater und Partner in allen wirtschaftlichen Dingen, denn meinen Fördermitteln aus öffentlicher Hand stand schließlich nichts im Wege, dachte ich, und das hatte ich auch schriftlich, aber es kam alles anders.

Wenn ich heute nach über fünfzehn Jahren zurückblicke, frage ich mich, wo die Gründe für das, was ich erlebt habe, zu suchen sind, was daraus zu lernen ist, was dringend verbessert und geändert werden müßte.

Ich will dazu zunächst fünf Punkte skizzieren :

1. Als ich das Konto bei der Hypo-Bank eröffnete, war ich ein hervorragend ausgebildeter Handwerksmeister, einer der besten meines Jahrgangs. Ich hatte während meiner langjährigen Ausbildung alles gelernt, was für die Fertigung exklusiver Möbel notwendig war. Zum einen hatte ich eine theoretische Ausbildung erhalten, dann hatte ich die Praxis von meinem Vater Eugen Woikowski direkt in seinem Betrieb gelernt. Was mir niemand beigebracht hatte, was in keinem Schulstoff vorkam, war, wie man Banken und ihre Mitarbeiter/innen zu beurteilen hat, welches gesunde Mißtrauen man im Umgang mit Banken entwickeln sollte, was zum Beispiel in einem Kreditvertrag für Fallen stecken können, was ein Konkurs ist.

Dagegen hat man es bei den Banken selbstverständlich mit Fachleuten zu tun, für die Kreditverträge und Konkurse Alltagsgeschäfte sind, die sie mit Routine abwickeln. Die Bankfachleute kennen sich aus mit Zins und Zinseszins, mit (teuren) Zwischenkrediten und Mahnstufen und mit Konkursverfahren und Versteigerungen. Der Handwerksmeister bzw. der Leiter eines mittelständischen Betriebes hingegen ist zum ersten Mal in seinem Leben mit einem Konkursverfahren konfrontiert, und dabei geht es nicht um irgendwelche theoretischen Überlegungen, sondern um das nackte Überleben seines Betriebes, um Arbeitsplätze, um Familien, Ehen, Kinder. Allein von der seelischen Belastung her gesehen, von der fachlichen ungleichen Ausbildung ganz zu schweigen, ergibt sich hier ein horrendes Ungleichgewicht zwischen Bank und Bankkunde.

Als meine eigene Liquidierung anstand, habe ich nichts unversucht gelassen, um Hilfe und Beratung zu finden. Aber es war tatsächlich plötzlich niemand mehr zuständig : Keine Bank, kein Politiker, kein Ombudsmann etc.

<u>FÜR DRINGEND NOTWENDIG ERACHTE ICH ES, DASS GESCHÄFTLICHE DINGE WIE ZUM BEISPIEL DAS KONKURSVERFAHREN ALS SOLCHES MIT IN DIE AUSBILDUNG VON ANGEHENDEN SELBSTÄNDIGEN UND UNTERNEHMERN INTEGRIERT WERDEN.</u> Wenn nicht schon in der Fachhochschulausbildung, so doch spätestens während der Meisterschule sollte es eine Selbstverständlichkeit sein, daß diese geschäftlichen Dinge gelehrt werden.

<u>2. EINE WEITERE FORDERUNG, DIE ICH UNBEDINGT FÜR NÖTIG HALTE, IST DIE EINRICHTUNG EINER ANLAUFSTELLE FÜR FIRMEN UND BETRIEBE, DIE IN LIQUIDITÄTSSCHWIERIGKEITEN SIND.</u> Neben dem Betriebserhalt sollte auch eine vernünftige Abwicklung des Konkurses, so dieser nicht abzuwenden wäre, garantiert sein. Leid und Elend der Betroffenen auf der einen Seite und übermäßige Bereicherung auf der

anderen Seite könnte so in den meisten Fällen oder sogar in allen Fällen vermieden werden. Wäre das nicht schön ?

Auf jeden Fall hätte diese Anlaufstelle garantiert 30.000 Kunden im Jahr und könnte richtig boomen; so laut jährlicher Konkursstatistik der Banken.

3. Offiziell heißt es, Banken seien zu dreißig Prozent für Konkurse verantwortlich. Inoffiziell spricht man von bis zu neunzig Prozent.

<u>DRINGEND NOTWENDIG WÄRE MEINER MEINUNG NACH DIE EINRICHTUNG EINES NEUTRALEN AMTES, DAS PRÜFT, WAS UND WER FÜR DEN KONKURS WIRKLICH VERANTWORTLICH IST UND WIE DIE VORGESCHICHTE WAR.</u>

Zum gegenwärtigen Zeitpunkt haben wir lediglich die Banken, die Konkurse beurteilen, und wie deren Urteil aussieht, kann sich jeder vorstellen. Welche Bank würde zugeben, daß sie selbst einen Konkurs herbeigeführt hat ?

Ein neutrales Amt zur Überprüfung wäre notwendig, das prüfen würde, ob Firmen vor dem Konkurs gerettet werden könnten. So blieben Arbeitsplätze erhalten. Ich gebe zu bedenken, daß ganze Berufszweige, ja, man könnte fast sagen, eine ganze Industrie in unserem Land von den Konkursen lebt, sogar gut davon lebt :

Der Gerichtsvollzieher und Liquidator verdient auch am Konkurs. Der Konkurs als solcher ist ein florierendes Geschäft mit vielen „Angestellten": Auch die Rechtsanwälte, Notare, Auktionatoren usw.

leben vom Konkurs. Zur Erläuterung eine Tabelle über Gebühren für Anwälte und Gerichte aus dem Magazin Focus

TEURES RECHT	GEBÜHREN FÜR ANWÄLTE UND GERICHTE		

Bereits in der für Fälle ab 10 000 Mark zuständigen ersten Instanz (Landgericht) muß der klagende Anleger häufig mehrere tausend Mark vorstrecken. *Einziger Trost: Gewinnt er, übernimmt die unterlegene Gegenseite die Kosten.*

Risiko Prozeßdauer Von der Klage bis zum Urteil vergehen etwa zwei Jahre. In der Zwischenzeit haben sich viele Betrugsfirmen bereits aufgelöst – meist wegen staatsanwaltlicher Ermittlungen. Nach einer Untersuchung des Finanzministeriums überleben derartige Konstruktionen im Schnitt nur 17 Monate.

Streitwert	Anwalt*	Gericht**	zusammen
10 000	1 785	705	2 490
20 000	2 835	1 155	3 990
30 000	3 315	1 425	4 740
50 000	4 275	1 965	6 240
100 000	6 375	2 865	9 240
250 000	8 775	5 865	14 640
400 000	11 175	8 865	20 040
700 000	14 925	13 290	28 215
1 000 000	18 675	17 715	36 390
5 000 000	54 675	53 715	108 390

*dreimal volle Gebühr lt BRAGO plus MwSt, Auslagen, evtl Korrespondenzanwalt usw
**dreimal volle Gebühr lt GKG

Beim Konkurs fällt den Banken fette Beute in den Schoß : Sie bedienen sich billig an den Maschinen, dem Bauland, den Fabriken und Werkshallen. Heute billig gekauft, morgen teuer wiederverkauft. So macht man Gewinne, die schwindelerregend sind. Gut für die Banken und die dahinterstehenden Konsortien? Gut für die Wirtschaft ? Gut für den Mittelstand ? Gut für das unternehmerische Klima in Deutschland ?

Ich frage :

Welchen Umsatz machen Gerichtsvollzieher mit Banken ?

Welchen Umsatz machen Gerichte mit Banken als Auftraggebern ?

Was verdienen Versicherungen an Konkursen ?

Welchen Umsatz machen Staatsanwälte und Rechtsanwälte mit Banken ?

Was verdient dabei der Staat ?

Wer verliert dabei am meisten ?

Wer verdient und wer verliert ?

Und welche Auswirkungen hat das auf das unternehmerische Klima in Deutschland ?

Welche Auswirkungen hat das auf Gewinne und Verluste ? Welche Auswirkungen hat das in Bezug auf Arbeitsplätze bzw. Abbau oder Schaffung von Arbeitsplätzen ?

Was kostet den Staat die hohe Arbeitslosigkeit auf der anderen Seite ?

Wie passen hier die Dinge zusammen ?

Was soll der einzelne Bankkunde von der Seriosität der Bankinstitute halten, wenn monatelang von „Peanuts" gesprochen wird (Peanuts wurde zum „Unwort des Jahres" gewählt), als ob es nicht um die Existenz vieler kleiner und mittlerer Handwerksbetriebe und mittelständischer Unternehmen gegangen wäre. Und wie gehen die meisten Banken mit den „Peanuts" ihrer Kunden um, den Gebühren, den

Aufschlägen auf überzogene Girokonten usw. Die Banken sollten sich darüber im Klaren sein, daß ihre Glaubwürdigkeit kaum noch besteht. Gegen Herrn Martini, den früheren Chef der Hypo-Bank, ermittelt seit Februar 1999 die Staatsanwaltschaft, und der neue Chef der Hypo-Vereinsbank Herr Schmidt äußert sich am 31. Januar 1999 in der Zeitung „Welt am Sonntag":

„ ... immerhin reden wir hier über die größte Bankenfusion in der deutschen Geschichte. Da passiert auch mal ein Fehler."

Und angesprochen auf das angekratzte, durch die Immobilienskandale stark beschädigte Image der HypoVereinsbank, verweist Herr Schmidt auf den guten Aktienkurs der Bank. Kaum drei Wochen später, nämlich am 24. Februar 1999 sieht das schon ganz anders aus. Ebenfalls in einem Bericht der Zeitung „Die Welt" gibt Herr Schmidt zu, daß die HypoVereinsbank mit dem abgerutschten Aktienkurs „ eins auf die Mütze bekommen habe."

4. FÜR DIE VIELEN BANKKUNDEN SOLLTE ES EINEN VEREIN GEBEN, DER ÜBER DIE JEWEILIGE VERTRAUENSWÜRDIGKEIT DER EINZELNEN BANKEN BEZIEHUNGSWEISE IHRER MITARBEITER INFORMIERT:

Eine Art Anti-Schufa beziehungsweise den Bundesverband der Bankkunden e.V. Hierzu berichte ich noch ausführlich in einem anderen

Kapitel meines Buches, denn ich bin eines der zehn Gründungsmitglieder dieses Vereines.

Wenn nichts unternommen wird, um der immer größer werdenden Macht der Banken mit Wertmaßstäben wie Fairneß und Partnerschaftlichkeit entgegenzutreten, wird die Wirtschaftskraft in unserem Lande weiter kaputtgemacht. Innovation und Kreativität werden in Frage gestellt, der Mittelstand, das Handwerk, haben kaum noch Überlebenschancen. Dabei hören wir es immer wieder von Politikern/innen aller Parteien : Auf dem Mittelstand ruhen alle Hoffnungen. Der Mittelstand ist Garant für Innovationen, Kreativität und Qualität in Deutschland. Vom Mittelstand werden mit Recht die notwendigen Anstöße erwartet. Aber die kleinen und mittelständischen Unternehmen, zu dem ich auch meinen Handwerksbetrieb zähle, hat keine Lobby.

Wenn wir das nicht ändern, dann wird es bald kein Handwerk mehr geben. Made in Germany braucht man nicht mehr. Wertarbeit hat anscheinend keine Zukunft mehr.

Wollen wir das ? Und können wir das wollen ?

5. Eine weitere neutrale Stelle wäre meiner Meinung nach ebenfalls dringend erforderlich :

Um einen günstigen Kredit aus den Fördermitteln des Bundes zu erhalten, muß man einen Antrag über die jeweilige Hausbank stellen, das heißt, man kann sich nicht direkt an die Vergabestelle wenden. Wenn nun aber die Bank nicht der wirkliche Partner des Unternehmers ist, der sie sein sollte, wenn die Bank einzig und allein ihre höchsteigenen Profitinteressen verfolgt, können hier schon in der Gründungsphase eines Unternehmens erhebliche Interessenskonflikte auftreten, die letztlich – wie es im Falle meines Unternehmens geschehen ist – zum von der Bank regelrecht provozierten und gesteuerten Konkurs des Unternehmens führten. Verfolgt nämlich die Bank einzig und allein ihren schnellen Profit, wird die Existenz des Unternehmens auf schon fast sträfliche Art außer Acht gelassen. Hier wird nicht partnerschaftlich gewirtschaftet, sondern hier bereichert sich der mächtige Partner am Anderen, der von vornherein als nicht gleichwertig gesehen und behandelt wird.

DRINGEND ERFORDERLICH WÄRE DAHER MEINES ERACHTENS EINE WEITERE NEUTRALE ANLAUFSTELLE, AN DIE SICH UNTERNEHMER FÜR DIE BEANTRAGUNG ÖFFENTLICHER MITTEL UND ZINSGÜNSTIGER KREDITE FÜR DIE UNTERNEHMENSGRÜNDUNG WENDEN KÖNNTEN.

Man könnte beispielsweise zur Bedingung machen, daß das Gutachten einer Hausbank mit eingereicht werden muß, aber man sollte den Banken nicht wie bisher unbeaufsichtigt und unkontrolliert das Feld allein überlassen, man sollte den Banken nicht das alleinige Recht zubilligen, über das Procedere der Beantragung von öffentlichen Mitteln zu wachen.

Sie erhalten hier einen Wissens- und Informationsvorsprung, der, wenn er nicht fair gehandhabt wird, zum Handikap für den Unternehmer wird. Außerdem läßt auch die Qualität der sogenannten Berater/innen der Banken zu wünschen übrig, eine Tatsache, die man sich als Bankkunde nicht vorstellen kann. Man glaubt sich natürlich in den besten Händen, was Beratung, was Rat und Tat in wirtschaftlicher Hinsicht anlangt. Ich habe aber ganz andere, nämlich negative Erfahrungen mit den Beratern/innen der Hypo-Bank gemacht.

„Da versagt die Geschäftspolitik," weil der Berater zuwenig Zeit für schwierige Fälle habe," analysiert Frau Angelika Kahlenborn von der Deutschen Ausgleichsbank in Berlin.

Das Ehepaar Oppel/Kather eröffnete ein Geschäft für Kinderausstattung in Berlin. Das Geschäft lief überaus erfolgreich. Schwierigkeiten ergaben sich, als der Mietvertrag gekündigt wurde, und man in teurere Geschäftsräume umziehen mußte. Hier hätte das Ehepaar von der Bank dringend eine gute Beratung gebraucht, denn ihr Laden deckte eindeutig eine Marktlücke in Berlin ab : „Wir waren fachlich top, aber betriebswirtschaftlich hätten wir Beratung gebraucht," sagt Frau Oppel heute. Ihr Mann fühlt sich von der Hausbank schlecht beraten, meint, er und seine Frau seien zu vertrauensselig gewesen, die Bank hätte ihnen immer nur die teuersten Kredite gegeben.

Der Gutachter Günter Lawrenz, der sich intensiv mit dem Fall des Ehepaares beschäftigte, kommt zu dem gleichen Ergebnis, er sagt," der Laden hätte Zukunft gehabt, es habe nur eine Zwischenfinanzierung gefehlt." (alle Zitate nach „Wer wagt, verliert – Wie es Unternehmern ergeht, wenn sie zu lange an sich und nicht den Marktgesetzen glauben – und warum sie mit Hilfe kaum rechnen dürfen, Süddeutsche Zeitung 4.März 99).

In den USA wäre der Fall dieses Ehepaares sicherlich anders ausgegangen – und wenn nicht, dann wäre der Ruf des Ehepaares nach der Pleite nicht beschädigt gewesen.

Die Bank of America sieht das so, daß man „ natürlich nach einer Pleite wieder Kredite bekommen kann und wieder erfolgreich sein kann." Und die Deutsche Ausgleichsbank kommentiert diese Haltung : In den USA würde man das alles sportlicher sehen.

In einer Untersuchung der Friedrich-Ebert-Stiftung heißt es dazu :" Auf der anderen Seite gingen die Banken inzwischen soweit, daß sie beispielsweise einem Schreinermeister in einer Krisensituation die Elektrizitätsüberweisung stoppten, weil sie sicher gehen wollten, nicht noch weiteres Geld zu verlieren. Für den Schreinermeister führte die Blockierung der Überweisung jedoch zum Ende der Produktion, weil ihm im Gegenzug die Stromversorgung abgestellt wurde. Derartige Praktiken dokumentieren eine falsche Denkweise der Banken. Mittelständler und Kleinunternehmen dürften nicht wie Großunternehmen behandelt werden, sondern wie Verbraucher. In den USA gingen inzwischen viele große Banken dazu über, das Mittelstandsgeschäft in ihr Privatkundengeschäft zu integrieren, weil sich dort die Erkenntnis durchgesetzt habe, das Geld werde an Menschen verliehen und nicht an Maschinen oder Grundstücke. In Deutschland bedürfe es bei der Mittelstandsfinanzierung dagegen noch eines grundlegenden Mentalitätswandels bei den Banken."

Weiter wird in der Untersuchung darauf hingewiesen, daß der früher durchaus bestehende gute Kontakt zwischen Mittelständlern und ihrer Bankfiliale verloren gegangen sei, denn „heute sähen sich Mittelständler zunehmend damit konfrontiert, daß ihre Hausbank die Unterlagen für die Kreditentscheidung an eine Zentrale weiterleiten müsse, die die Entscheidung träfe." Ein möglicherweise zwischen dem Unternehmer und dem Filialleiter der Bank gewachsenes Vertrauen spielt dann keine Rolle mehr. Die Zentralisierung der Kreditvergabe führt zu „objektiven" Entscheidungskriterien, d.h. es gibt viel mehr Ablehnungen als vorher. Besonders auffällig dabei ist, „daß Banken in Deutschland bereitwillig Kredite vergeben, um Beton und Boden zu finanzieren, aber viel zu wenig bereit seien, Kredite für Köpfe und Können zur Verfügung zu stellen." (alles zitiert nach der Untersuchung der Friedrich-Ebert-Stiftung, Titel : „Ohnmacht der Verbraucher gegenüber Banken und Versicherungen." Erscheinungsjahr: 1996).

Bei dem erwähnten Schreinereibetrieb handelt es sich natürlich um meinen Betrieb. Die Untersuchungen und Analysen meines Falles von offizieller und unabhängiger Seite sind inzwischen schon in zahlreiche Abhandlungen eingegangen und werden immer wieder zitiert.

Seit 1. Januar 1999 gilt in Deutschland zwar eine neue Insolvenzregelung, nach sieben Jahren kann man von einer Restschuld befreit werden, aber die Kreditwürdigkeit ist und bleibt beschädigt. Also ist die Neugründung einer Firma durchaus problematisch und die Banken sitzen am viel längeren Hebel.

Für 1999 sagt die Wirtschaftsauskunftei Creditreform ca. 29.000 Pleiten voraus – man muß sich fragen, wieviele davon von Banken provoziert werden, um auf schnelle Weise und auf dem Rücken von Unternehmern/innen und deren Angestellen die schnelle Mark zu machen.

Aber die Dinge ändern sich, haben sich bereits geändert. So berichtet das Magazin „Focus" in seiner Ausgabe vom 8.März 1999: „Rückendeckung erhalten Anleger sogar vom Bundesverfassungsgericht: Egal ob Geldanlage, Versicherung oder Immobilie – bei Vertragsabschluß fordern die Richter bereits seit 1993 ein annähernd ausgewogenes Kräfteverhältnis, das die Anleger auf das gleiche Wissensniveau heben soll, wie den Initiator oder den Verkäufer. Vorbei die Zeiten, in denen sich gewiefte Verkäufer ungestraft brüsten konnten :

„Am Anfang hat der Kunde das Geld und ich die Erfahrung, am Schluß hat der Kunde die Erfahrung und ich das Geld."

Inzwischen reagiert die Öffentlichkeit aufmerksamer und sensibler auf die „Abzocker in Nadelstreifen" (Focus), und neue Grundsatzurteile stärken eindeutig die Position des Verbrauchers, des Kunden, des

Kreditnehmers. Ist die Bank ihrer Beraterpflicht nicht nachgekommen, müssen die Kunden Darlehen nicht zurückzahlen und erhalten unter Umständen auch Schadensersatz. Focus berichtet, daß die HypoVereinsbank Anfang 99 freiwillig auf die Rückzahlung von zwölf Darlehen verzichtete. Diese Darlehen waren an Kunden vergeben worden, die damit überteuerte Steuersparimmobilien finanzieren wollten. Ein Rentnerehepaar, das eine sichere Anlage wünschte, hatte bei der Deutschen Bank Schiffbruch erlitten. Das Ehepaar war von einem Bankberater nicht seriös beraten worden. Er empfahl viel zu riskante Anlagen. Die Deutsche Bank entschädigte dieses Ehepaar inzwischen.

In Deutschland beziehungsweise nach der deutschen Rechtsprechung hatten die unseriösen Berater der Banken bisher noch gute Karten, aber das deutsche Recht stimmt in einigen entscheidenden Punkten nicht mit der europäischen Rechtsprechung überein, die dem Bankkunden mehr Rechte zuordnet. So ist schon jetzt glücklicherweise absehbar, daß Menschen, die von Banken geschädigt wurden, bald auch in Deutschland gerechtere Urteile erwarten können. Die ersten gerechteren Urteile kündigen sich schon an, denn Banken sind laut Bundesgerichtshof dazu verpflichtet, über mögliche Risiken aufzuklären. Die Bankberater/innen müssen die Kunden ausführlich über die Risiken beim Aktienkauf, Vermögensverwaltung oder auch bei der Kreditaufnahme informieren. Wenn der Bankkunde nicht ausdrücklich über die möglichen Gefahren aufgeklärt wird, haftet die Bank, und die gleichen Bestimmungen gelten für Versicherungen.

Ich werde in den folgenden Kapiteln einen Teil meiner eigenen Geschichte schildern. Natürlich kann ich nicht die ganze, umfassende Geschichte schildern, denn dann würde dieses Buch allein schon wegen der vielen Dokumente über 3.000 Seiten haben, aber ich habe mich auf den Hauptablauf konzentriert, und werde anhand von exemplarischen Ereignissen und Schriftwechseln das Vorgehen, die Taktik der Hypo-Bank mir gegenüber darstellen. Sie werden erleben, wie sich nacheinander über 137 Bank-Mitarbeiter mit meinen Krediten befassen, und natürlich keiner dieser Mitarbeiter oder Mitarbeiterinnen irgendwann einmal wirklich zuständig ist, beziehungsweise Verantwortung übernimmt, wie ich die Bank über 40mal schriftlich um ein Gespräch bitte, aber nie einen Termin bekomme und wie es ist, mit Angestellten einer Bank zu tun zu haben, die nicht rechnen können :
Man hatte sich zum Beispiel um den lächerlichen Peanuts-Betrag von 981.575,44 MARK zu meinen Ungunsten verrechnet. Sie werden erleben, wie hoch die Kostenpauschale eines Anwalts, der für die Bank arbeitet, sein kann. Falls Sie nach einer genauen Kostenaufschlüsselung fragen sollten, erhöht sich dieser Betrag nochmals kräftig. Selbstverständlich bedeutet das nicht, daß Sie nun eine Aufschlüsselung oder gar eine Erklärung des horrenden Betrages erhalten. Wo denken Sie

denn hin ? Sie haben lediglich die Rechnung zu bezahlen. Aber es gibt auch Mittel und Wege, einem solchen Anwalt die Grenze aufzuzeigen. Ich werde Ihnen schildern, welchen Weg ich eingeschlagen habe, und daß auch der arroganteste Rechtsvertreter einer Bank nur ein Mensch ist, der unter Umständen eines Tages die Kontrolle verliert. Ich erhielt dadurch wichtige Informationen.

Ich will Ihnen überhaupt ganz ausdrücklich Mut machen. Lassen Sie sich nicht einfach alles gefallen ! Seien Sie selbstbewußt, stellen Sie Fragen, fordern Sie Antworten ein, lassen Sie sich nicht abspeisen, treten Sie Ihrer Bank gegenüber als mündiger Kunde auf. **Fordern Sie Ihr Recht, vergleichen Sie Konditionen und Angebote.** Sie sollen von meinem Buch profitieren. Ich würde mich freuen, wenn Sie aus dem einen oder dem anderen Kapitel eine Anregung mitnehmen würden, wenn Ihnen meine Erfahrung mit den Machenschaften der Hypo-Bank von Nutzen sein kann. Das war und ist eine wichtige Motivation für mich. Ich habe mir irgendwann gesagt, daß ich noch jung bin, daß ich gesund bin, daß das Geschäft trotz der Bank und ihrer Machenschaften gut läuft, und daß ich das Unrecht, das mir und meiner Familie geschehen ist, ans Tageslicht bringen werde. Nicht nur für mich, auch für andere Menschen, die sich eventuell in einer ähnlichen oder womöglich in einer noch verzweifelteren Situation befinden.

Obwohl ich mit Rufmordkampagnen überzogen wurde und fast meine berufliche Grundlage und meine Familie verloren hätte, habe ich nicht aufgegeben und gemeinsam mit meinem Vater der Bank die Stirn geboten. Ich habe keine Wut gegen einzelne Mitarbeiter/innen der Bank. Ich denke, sie stecken in einem System, das sie zur Unmenschlichkeit nötigt und sie genau in dem Moment austauscht, da sich das Gewissen des einzelnen Menschen regen müßte. In dem Moment, da es für die Einen um Peanuts und für die Anderen um ihre Existenz geht.

2.
Gescheiterte Ehen, zerstörte Existenzen und zwei Selbstmorde – die aktuelle Lage

Über 1.300 Immobilienanleger der früheren Hypo-Bank fühlen sich betrogen und wollen sich in Zukunft wirkungsvoller als bisher wehren. Sie haben sich zusammengeschlossen und diskutieren ein einheitliches Vorgehen vor Gericht. Der Initiator des Treffens, Rechtsanwalt Reiner Füllmich aus Göttingen, sagte : „Wir wollen zeigen, daß die Vermittler immer mit den gleichen Tricks übereuerte Wohnungen verkauft haben, und gehen notfalls bis vor den Europäischen Gerichtshof."

Die Hypo-Bank habe Anfang der neunziger Jahre in rund 10.000 Fällen Verstöße gegen Beratungspflichten begangen, sagte Füllmich. Zwei Selbstmorde, eine große Zahl zerstörter Existenzen und zahlreiche Ehescheidungen seien als Folge des „milliardenschweren Finanzskandals" belegt.

Teilnehmer/innen des Treffens in Göttingen schilderten teilweise unter Tränen, wie sie „von psychologisch hochgerüsteten Verkaufsstrategen und ihren Mitternachtsjuristen aufs Kreuz gelegt wurden."

Die Bank habe durch diese Drückerkolonnen „Schrottimmobilien bis zum Doppelten des wahren Wertes, an zum großen Teil gering

verdienende Käufer veräußert und dabei rechtswidrig die Beratungspflichten versäumt."
(zitiert nach „Geldanleger protestieren gegen Bank" Hannoversche Allgemeine Zeitung 29. März 1999).
Besondere Brisanz erhalten diese Äußerungen, wenn man bedenkt, daß die neue Bayrische Hypo-Bank und Vereinsbank AG (München) nach wie vor Europas größter Immobilienfinanzierer ist.
(zitiert nach Stern Nachrichten Wirtschaft : Martini verläßt HypoVereinsbank Anfang der Woche 5.April 1999).

Man fragt sich, wie solche hochdotierten Fachleute derartig inkompetent sein können, wie es möglich ist, daß sie überhaupt in diese Posten kommen können.
Das Problem liegt meiner Meinung nach nicht im Mittelstand oder Handwerk selbst, sondern bei den Finanzgebern und es gibt einen Zusammenhang zu unserer ganzen Finanzpolitik. Es wird Zeit, daß das gesamte Bankensystem neu geordnet wird, daß reformiert wird. Die Politik muß sich neue Rahmenbedingungen einfallen lassen. Diese Änderungen sollten schnellstens eingeleitet werden, bevor die Negativschlagzeilen über Banken und ihre Praktiken zum Alltag werden und es zum Teil leider schon sind.
Auch die Bundesbank sieht das so :
„Das internationale Bankensystem muß nach Ansicht der Deutschen Bundesbank grundlegend saniert werden. Überschuldete Kreditinstitute

und Geldhäuser, die nicht überlebensfähig sind, müßten geschlossen werden, forderte das Institut. Auch die nationale Aufsicht über den Finanzsektor müsse reformiert werden. Daneben sollten alle Geldhäuser interne Kontrollsysteme installieren."
(zitiert nach Meldungen Trend B 5 31.März 1999)

Neue statistische Auswertungen belegen, daß im klein- und mittelständischen Unternehmen mit 6,4 Millionen Mitarbeitern/innen mehr Menschen beschäftigt sind, als in der Industrie. Wenn nun die Industrie (z.B. die Fa. Grundig Fürth 3.000 Mitarbeiter oder die zum großen Teil staatlich subventionierte DASA 18.000 Mitarbeiter) entlassen will, ist die Aufregung in Medien und Politik verständlicherweise groß. Auf Seiten der Politik werden Anstrengungen unternommen, um die Entlassungen abzuwenden. Durch Abwanderung der Industrie ins Ausland, wo man billiger produzieren kann, wird die Situation noch brisanter.

1995 sind 28.000 Insolvenzen im Mittelstand entstanden, die bei einer durchschnittlichen Beschäftigungszahl von 11 Mitarbeitern/innen pro Betrieb einen jährlichen Arbeitsplatzverlust für ca. 300.000 Menschen bedeutet. Auf den Monat bezogen hieße das, im Mittelstand gehen Monat für Monat 25.000 Arbeitsplätze kurz- oder langfristig verloren.

Der Mittelstand und das Dienstleistungsgewerbe sind die tragenden Säulen unseres Wirtschaftssystems.

Die oben aufgeführten Insolvenzen sind nicht nur das Produkt von Mißmanagement, sondern sie sind auch durch den gewaltigen Einfluß der Banken und Kassen entstanden. Die Firmen werden zum großen Teil geknebelt, schikaniert und ruiniert und dienen als Bereicherungsinstrumentarium der Banken,. die dabei meiner Meinung nach die Legalität weit überschreiten bzw. am Rande der Legalität manövrieren. Einige Beispiele können sie im Kapitel „Herr Eibl und seine Fälle" lesen.

Ich will das an einer theoretischen Hochrechnung meines eigenen Falles verdeutlichen :

Für meine Existenzgründung bis 1988 bekam ich aus dem bayrischen Mittelstandskreditprogramm (LfA) 300.000,- MARK Aus dem Existensgründungsprogramm der LAB (DAB) 183.000,- MARK sowie zwei private Baudarlehen der Hypo-Bank mit insgesamt 100.000,- MARK. Der letzte Kontokorrentstand am 30.September 1988 lag bei 177.988,23 MARK. Ergibt zusammen –

760.988,23 MARK

Bis zum 30.April 1995 belaufen sich die Vereinnahmungen der Hypo-Bank auf 1.147.587,95 MARK. Die noch weitere Forderung der Bank wird mit Schreiben vom 1.März 1997 noch 594.3500,74 MARK beziffert. Ergibt zusammen –

1.741.938,69 MARK

Das bedeutet, daß die Hypo-Bank mit Hilfe staatlicher Förderprogramme von 483.000,- MARK, wo sie nur als Treuhänder tätig war, einen Gesamtbetrag von 1.258.938,69 MARK erwirtschaftete. Dabei wurde eine Firma ruiniert, eine Firma zur Aufgabe gezwungen und eine dritte Firma knapp in einen weiteren Konkurs geführt. Die Investition und der Risikobetrag der Hypo-Bank betrug lediglich 180.000,- MARK und war mit 1.472.000,- MARK abgesichert

Stellen wir uns doch einmal vor, welche Zahlen sich ergeben würden, wenn wir hier eine Hochrechnung aufmachen würden :
Bei 28.000 Insolvenzen im Jahr würde das theoretisch ergeben:
28.000 x 1.078.938,69 MARK = über 30 Milliarden MARK, die die Banken einzig und allein durch (zumeist von ihnen selbst provozierte) Pleiten pro Jahr einnehmen würden.

Der volkswirtschaftliche Schaden wäre eine weitere Berechnung wert, die ich aus Unkenntnis der Grunddaten außer Acht lasse.

Diese Zahlen und Beträge sind schwindelerregend und schon nicht mehr vorstellbar. Aber man sieht die Dimensionen. Die Vertreter der Banken wollen nur Fehler in Einzelfällen zugeben und bei den Einzelfällen heißt es dann viel zu oft, der einzelne Unternehmer habe eben Mißmanagement betrieben.

Wie einfach es sich die Banken machen, die Schuld einseitig auf den Unternehmer zu schieben, dokumentiert die Zeitung „ Welt am Sonntag " am 2. März 1997 in dem Artikel :
„ Größtes Problem im Mittelstand: Die Bank "
Einleitend heißt es, daß jede zweite Existenzgründung in Deutschland scheitert. Bei den meisten stimmte die Finanzierung nicht. Schlecht beraten und hoch verschuldet rennen Selbständige in den Ruin. Staatlich geförderte Kredite stehen zur Verfügung, werden aber zu spät oder gar nicht abgerufen. Wohlgemerkt, daß diese zur Verfügung stehenden günstigen Kredite zu spät oder gar nicht abgerufen werden, ist nicht der Wille oder das Verschulden des Existenzgründers, sondern gezielte Strategie der Hausbank, denn die teuren Zwischenfinanzierungen bringen der Bank erst das richtige Geld, nicht die günstigen staatlichen Kredite.
„Bei Betriebsgründungen passieren immer die gleichen Fehler," weiß Jan Evers vom Institut für Finanzdienstleistungen e.V. in Hamburg. In vielen Gutachten hat er den Banken ihre mangelhafte Kreditvergabe nachgewiesen: Häufig fehlt es an der Anschubfinanzierung. Existenzgründer brauchen nicht nur Räume und Maschinen, sondern auch Arbeitskapital,..."
Die Banken lasten dagegen stets den Existenzgründern Fehler im Management an, anstatt die Rolle, die sie gespielt haben, mit in die Analyse einzubeziehen.

Betrachtet man aber die vielen Einzelfälle, alle angeblich selbstverschuldet, ergibt sich ein ganz anderes Bild : Eines von vielen Katastrophen, wirtschaftlicher und menschlicher Art.

Im Folgenden gebe ich Ihnen einen kurzen Bericht über die aktuelle Lage:

Interessant ist, daß im Falle der Hypo-Bank, offensichtlich nur einzig und allein etwas für die Betroffenen getan wird, wenn der Druck von außen beziehungsweise durch die Berichterstattung in den Medien mehr und mehr zunimmt. So wurden in Göttingen anläßlich der Versammlung der durch die Hypo-Bank Geschädigten schon am Bahnhof an die eintreffenden „Kunden der HypoVereinsbank" Handzettel verteilt. Die Bank, die die Menschen vorher um ihr Geld gebracht hatte, gab ihnen nun den Rat, nicht auf die unsichere Entscheidung durch Gerichte zu warten.

„Über 500 Kunden haben mit der Bank eine Lösung für ihr Problem gefunden. Die HypoVereinsbank bietet auch Ihnen diese Möglichkeit." hieß es auf den Handzetteln.

Eigenartig dabei war nur, daß laut Aussage des Rechtsanwaltes Füllmich die geschädigten Bankkunden „bisher keinen einzigen Berater gesehen" hatten. „.... Und jetzt tauchen hier gleich zwanzig Mann auf, die beraten wollen," so Füllmich.

RA Füllmich vertritt 3000 Immobilienanleger. Allein aus seinem Mandantenkreis kämen 400 Millionen Mark Darlehensverzicht und Schadensersatz-Forderungen auf die Bank zu. RA Füllmich klagt in 60 Fällen.

„Das Abzockmodell der Hypo-Bank hat mit seriösen Geschäften ungefähr soviel gemein wie Mutter Teresa mit Slobodan Milosevic," so der Rechtsanwalt. Die Hypo-Bank habe „genaue Kenntnis von der steuerlichen und wirtschaftlichen Sinnlosigkeit des Erwerbes gehabt."(zitiert nach dpa Meldungen 28.März 1999)

Man fühlt sich fast schon an Mafia-Methoden erinnert, wenn man liest, daß sogar Zeugen unter Druck gesetzt werden. Drahtzieher der Geschäfte setzten beispielsweise Walter Helm, ehemals im Immobilienvertrieb und jetzt Zeuge auf Seiten der Anleger, unter Druck. Er berichtete in Göttingen von „Drohungen und Gerichtsverfahren, die ... gegen ihn gerichtet werden." (zitiert nach „Die Lebensplanung kaputtgemacht" Immobilienbetrug/Über 1000 Geschädigte in der Lokhalle)

Zu wünschen ist, daß die HypoVereinsbank diesem Treiben endlich ein Ende setzt, indem sie die Karten auf den Tisch legt, ihre Fehler und Versäumnisse eingesteht und endlich Schadensersatz zahlt und wenigstens versucht, das Unrecht wieder gutzumachen.

Harald Güller, SPD-Abgeordneter im Wirtschaftsausschuß des Landtags in Bayern, äußerte sich dazu in der Bayrischen Staatszeitung vom 23.April 1999:

„Die ehemalige Hypo-Bank habe einer Reihe von Immobilienkunden Objekte bis zu 160 Prozent ihres realen Wertes finanziert, sagte Güller. Dadurch seien die Leute in den Ruin getrieben worden. Jetzt müsse die HypoVereinsbank einen fairen Ausgleich anbieten."

Um diesen Ausgleich wird die HypoVereinsbank wohl kaum herumkommen, denn auch der Göttinger Professor für Haftungsrecht, Erwin Deutsch, meint :

„Ob hier ein faires Verhandeln durch die Bankvertreter vorlag, wage ich doch sehr in Zweifel zu ziehen. Ein Kreditgeber hat den Kreditnehmer über alle Unsicherheiten zu informieren und umfassend aufzuklären."
Dies gelte vor allem bei geschäftlich unerfahrenen Käufern. Die Bank hafte auch für die durch sie eingeschalteten Mittelsmänner. (zitiert nach Banken /Proteste: Erboste Immobilienanleger der früheren Hypo-Bank wollen sich wehren - dpa Basisdienst, Hamburg, 28.März 1999)

Die Methoden dieser Mittelsmänner sind es denn auch immer wieder, die das angeblich so seriöse Image der Bank in Frage stellen:
„Durch Drückerkolonnen hat die Bank Schrottimmobilien bis zum Doppelten des wahren Wertes an zum großen Teil gering verdienende Käufer veräußert und dabei rechtswidrig die Beratungspflichten

versäumt," faßte Rechtsanwalt Füllmich zusammen.(zitiert nach dpa Basisdienst s. oben, 28.März 1999)

Gerade auf dem Hintergrund dieser ungeheuerlichen Vorgänge war man mehr als nur gespannt auf die Aktionärsversammlung der HypoVereinsbank am 6.Mai 1999, aber statt Offenheit und Klarheit wurde wie aus der Politik bekannt alles wirklich Brisante in Arbeitsausschüsse hineinvertagt. Übrig blieb der Protest der Kleinaktionäre und der erbitterte Machtkampf der Manager an der Spitze der HypoVereinsbank. Wie man eines Tages das Defizit von 3,5 Milliarden Mark erklären wird, steht dahin. Inzwischen erfreut uns die HypoVereinsbank mit immer neuen teuren Werbestrategien und Farbannouncen in allen bunten Blättern der Republik und im Fernsehen : Leben Sie. Wir kümmern uns um die Details, heißt es werbewirksam. Ein Kleinaktionär wandelte diesen griffigen Slogan am 6.Mai 1999 wirksam um, indem er die Bankmanager aufforderte, legen Sie die Zahlen offen, wir Aktionäre kümmern uns um die Details.

3.

Amerika
Das Land der unbegrenzten Möglichkeiten

Als achtjähriges Kind begann ich, im Betrieb meines Vaters aus- und einzugehen. Ich verbrachte dort meine Freizeit, betrachtete alles um mich herum sehr aufmerksam, wählte mir schönes Holz aus und bastelte mir mein Spielzeug selbst. So entstand eine kleine Lokomotive, ein Miniatur-Schaukelpferd, einmal sogar eine kleine Kommode.

Zunächst hatten die Erwachsenen versucht, mich davon zu überzeugen, daß es draußen doch viel schöner wäre, daß ich doch lieber mit den anderen Kindern spielen sollte, als im Schreinereibetrieb meines Vaters meine Freizeit zu verbringen. Aber ich kehrte beharrlich immer wieder in die Werkstatt zurück, setzte mich an das Kindertischchen, das mein Vater für mich gemacht hatte, und wurde schließlich vom Vater und seinen Mitarbeitern erst toleriert, dann akzeptiert.

Die spätere Berufswahl fiel also leicht. Sie war vorgezeichnet. Ich mochte schon immer Holz, alle Arten von Holz und ich mochte den Geruch des Holzes. Bald schon konnte ich recht geschickt damit umgehen, denn ich bekam in der Werkstatt so manchen Kniff gezeigt. Ganz nebenbei bekam ich auch mit, wie mein Vater Aufträge hereinholte, wie er sie abwickelte, wie er seinen anspruchsvollen Kunden komplette Inneneinrichtungen lieferte, die genau nach ihren Wünschen maßgeschneidert und einmalig waren. Oft war ich sogar mit dabei, wenn mein Vater vor Ort Maß nahm, seine Kunden beriet und mit ihnen verhandelte. Es war noch die Zeit, da ein Handschlag galt. Die Zeit, da niemand große Kredite von der Bank aufnahm. Man brauchte das nicht, kam ohne Kredite zurecht. Alles war überschaubar, Rechnungen wurden geschrieben und pünktlich – auch bar – bezahlt.

Mein Vater hatte in München und Umgebung einen sehr guten Ruf. Die Qualität seiner Arbeit war weithin anerkannt und viele seiner Kunden erhielt er durch die sogenannte Mund-zu-Mund-Werbung. Er wurde einfach weiterempfohlen. Ich wuchs sozusagen von Anfang an in den Beruf des Handwerksmeisters, des Schreinermeisters, hinein :
Nach neun Jahren Volks-und Hauptschule begann ich die Lehre im Betrieb meines Vaters. Während der Lehrzeit absolvierte ich eine Berufsaufbauschule, die ich mit der Fachschulreife abschloß. Als Innungsbester und als fünftbester von Oberbayern schloß ich die Gesellenprüfung ab. Anschließend arbeitete ich als Geselle im Betrieb meines Vaters und in zwei anderen Schreinereibetrieben in München. Dann besuchte ich die Meisterschule. Mein Meisterstück war eine Glasvitrine in Eichenholz daß den praktischen Abschluß dokumentierte. Alle handwerklichen Meisterarbeiten wie Zinken, Schlitzen, Überplatten,

Intarsien (Einlegearbeiten) usw. kann man an diesem Stück erkennen und bewundern. Hier sehen Sie ein Foto meines Meisterstückes.

Im Streben nach Vervollkommnung besuchte ich dann die Oberstufe der Meisterschule und erwarb die seltene Auszeichnung „Dipl. Meister im Innenausbau."
Die besonderen Schwerpunkte meiner Ausbildung in der Oberstufe lagen auf den Fachgebieten Betriebswirtschaft, Innenarchitektur und Innenausbau. Ein Jahr lang unterrichtete ich nebenberuflich als

Fachlehrer an der Berufsschule in Erding. Auslandskenntnisse erwarb ich als Montageleiter auf Baustellen in Italien und den USA.

Inzwischen hatte ich geheiratet. Meine Frau Beate lernte ich vor 27 Jahren auf einer unserer tollen Kirchenveranstaltungen kennen, die wir als Jugendliche selbst organisierten. Wir haben inzwischen drei Kinder, Nina 17 Jahre, Tanja 15 Jahre und David 3 Jahre.

Mein Vater interessierte sich schon Ende der siebziger Jahre für den amerikanischen Markt. Als er 1982 vorschlug, doch einfach einmal einige unserer exklusiven Möbel in den USA auszustellen, waren wir über das Ergebnis erstaunt, aber nicht wirklich überrascht. Mein Vater nahm die Organisation in die Hand. Im Juni 1984 saßen wir im Flugzeug und flogen nonstop von München nach Chicago. Unsere Möbel waren einen Monat zuvor in einem Container per Bahn und Schiff nach Amerika transportiert worden. Nach Erledigung der Zollformalitäten nahmen wir unsere Exponate in Empfang und begaben uns zum berühmten „Merchandise Mart" in Chicago. Dabei handelt es sich um den größten permanenten Ausstellungsmarkt der Welt. Die Gebäude des "Merchandise Mart" gehören übrigens der Kennedy-Familie.

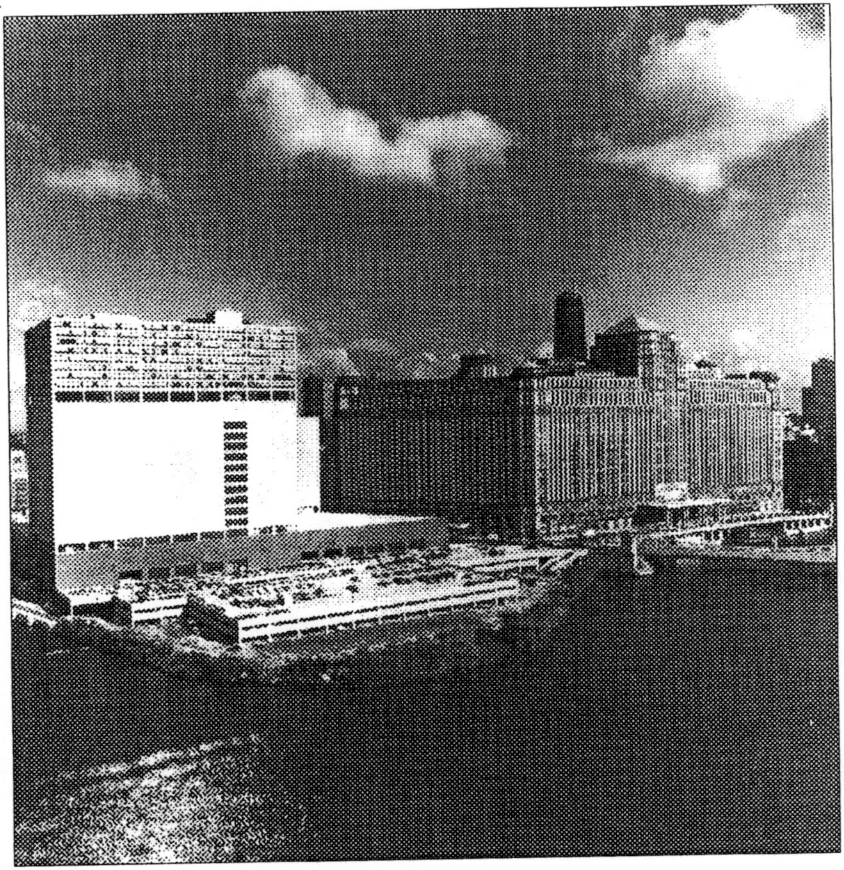

Wir entwarfen, gestalteten und fertigten unseren Stand selbst, allein die Standgestaltung zog viele bewundernde Blicke auf sich. Wir stellten sehr exklusive Mahagonimöbel im englischen Stil aus. Viele Messebesucher blieben vor unseren exklusiven Möbelstücken stehen und bewunderten die Stühle, Schreibtische, Schränke, Kommoden usw. „Made in Bavaria"

> **CHAMBER OF GERMAN AMERICAN COMMERCE, INC.**
>
> THIS IS TO CERTIFY,
>
> that _Der Gute Stil_
>
> is a MEMBER of the GERMAN AMERICAN CHAMBER OF COMMERCE, INC. and is entitled to all the rights and privileges accorded to members in good standing under the By-Laws of the Corporation as now existing or as hereafter amended.
>
> New York, N.Y., this 31st. day of January, 1983
>
> _Chairman of the Board_   _Executive Director_

Uns kam es darauf an, zu testen, wie unsere Möbel auf dem amerikanischen Markt ankamen, welche geschäftlichen Chancen wir wohl hätten. Großartige, kann ich nur sagen. Gleich am ersten Messetag kam ein amerikanischer Möbelfabrikant auf uns zu, der unsere handwerkliche Geschicklichkeit, unser Know-How, bewunderte. Er bot uns an, uns sofort in seine Fabrik zu integrieren. Wir bräuchten uns um unsere Zukunft keine Sorgen zu machen. Diesen Kontakt haben wir übrigens bis zum heutigen Tage und das Angebot gilt noch. Herr Arnold, der Möbelfabrikant, kann nicht verstehen, was in Deutschland passiert. In USA werden finanzielle Abwicklungen anders gestaltet, aber dazu mehr an anderer Stelle dieses Buches.

Hochwertige Möbel sind in den USA eine Rarität, eine wirkliche Marktlücke, denn in Amerika gibt es nicht das hiesige Ausbildungssystem, das heißt, im Grunde keine so hochspezialisierten Fachkräfte wie in Deutschland. Es gibt dort keine handwerkliche Ausbildung zum Schreiner, die der hiesigen vergleichbar wäre.

Wollte man in den USA gute Möbel erwerben, so mußten diese aus England, Italien, Frankreich oder Jugoslawien importiert werden. Im Juni 1984 waren auf der Messe in Chicago außer uns nur noch zwei andere deutsche Möbelfabrikanten vertreten.

In kürzester Zeit hatten wir unseren ersten Auftrag : Zehn exklusive Schreibtische. Wir sollten außerdem die Villa eines Filmmoguls in Los Angeles ausmessen. Er wollte eine maßgeschneiderte Holz-Inneneinrichtung bei uns bestellen. Ich arbeitete schon an den ersten Entwürfen.

Am letzten Tag der Messe geschah dann noch etwas Unglaubliches. Der Gouverneur des Staates Illinois, Mr. Johnson, war hin und weg von unseren Möbeln. Er machte uns ein tolles Angebot : „Kommen Sie zu uns, ich schenke Ihnen ein Grundstück und baue Ihnen eine Werkstatt oder Fabrik, ganz wie Sie wollen und wie Sie es benötigen. Produzieren Sie bei uns, bilden Sie Fachkräfte aus, machen Sie uns zu Experten, und

Sie werden sehen, wie gut es Ihnen bei uns geht!" Er bot uns an, per Handschlag gleich nach USA überzusiedeln. Er wollte uns in der Nähe von Chicago eine Fabrik errichten und uns bei allem Geschäftlichen und allem Formalen mit Rat und Tat unterstützen. Wie auch bei dem netten Fabrikanten Herrn Arnold ging es darum, daß wir die so dringend benötigten Fachkräfte für den amerikanischen Markt ausbilden sollten. Mr. Johnson war es auch, der darauf bestand, uns Chicago zu zeigen. So organisierte er für uns eine Stadttour und ich erinnere mich noch heute an diese unvorstellbar große und moderne Stadt.

Chicago ist das geistige und wirtschaftliche Zentrum des Mittleren Westens. Chicago ist eines der größten Handelszentren der Erde und verfügt über den größten Eisenbahnknotenpunkt und den größten Binnenhafen der Erde. Der internationale Flughafen O'Hare Field ist der frequentierteste Flughafen der Erde. Chicago erstreckt sich mit Vororten ca. 100 km am Michigansee entlang, erreicht dabei kaum 30 km Breite. Fast alle ethnischen und sozialen Gruppen haben ihre eigenen Wohndistrikte.
1884/85 wurde in Chicago das erste Hochhaus in Stahlskelettbauweise errichtet, die Chicagoer Schule setzte in der Architektur Maßstäbe.

Ich war von der Stadt sehr beeindruckt. Überall klingelten schon 1984 Handys – zu dieser Zeit war in Deutschland daran noch nicht zu denken. Die gerade auch im geschäftlichen Bereich große Aufgeschlossenheit der

Amerikaner erschien meinem Vater und mir als ein gutes Vorzeichen für unsere Vorhaben.

Mein Vater und ich waren begeistert. Wir freuten uns über unseren Erfolg. Allein die zehn Schreibtische stellten ein Auftragsvolumen von 150.000,- MARK dar, die Komplettausstattung der Villa in Los Angeles schlug mit weiteren 170.000,- MARK zu Buche und weitere Aufträge in den USA kündigten sich bereits an.

Die Direktoren der Hypo-Bank waren mehrmals bei meinem Vater zu Gast gewesen. Sie waren über unsere Absicht, den amerikanischen Markt zu erkunden, informiert, unterstützten dieses geschäftliche Vorhaben und brachten sogar einige Male amerikanische Geschäftsleute mit zu uns nach Hause. Mein Vater berichtete den Bankdirektoren von unserem Erfolg in Chicago und fragte, ob sie uns einen unabhängigen Gutachter empfehlen könnten, der für uns eine Geschäftsanalyse erarbeiten kann. Die Herren empfahlen uns daraufhin einen Mann ihres Vertrauens, und wir beauftragten diesen unabhängigen Sachverständigen Herrn Dipl. Ing. Gebhard Nöth damit, die geschäftliche Situation zu analysieren und ein Gutachten anzufertigen.

Er zitierte am Ende seiner Analyse aus der US-Fachzeitschrift „Furniture/Today" und aus der Broschüre „Holz und Möbel International":

In den USA gäbe es derzeit gute Nachfrage und beachtliche Umsatzsteigerungen und derzeit hätte man günstige Absatzbedingungen für deutsche Unternehmen. Die Möbelzulieferer erfreuten sich steigender Umsätze.

Der Betrieb meines Vaters war durch die räumlichen Verhältnisse an seine natürliche Grenze gestoßen. Die räumlichen Bedingungen ließen eine Personalaufstockung oder eine Kapazitätsausweitung nicht mehr zu. Mein Vater hatte aber so viele Aufträge, daß er dafür Subunternehmer beschäftigen mußte. Aus Altersgründen wollte er den Standort seines Betriebes nicht mehr wechseln.

Wir hatten uns entschlossen, nicht in die USA auszuwandern, sondern weiter in Deutschland zu produzieren und unsere Möbel in die USA zu exportieren.

Aus heutiger Sicht und nach den bitteren Erfahrungen, die ich mit der Hypo-Bank machte, war das wahrscheinlich ein Fehler. Es gibt Tage, an denen ich bedauere, daß wir nicht nach USA ausgewandert sind. Aber wer hätte die Entwicklung vorhersagen können ? Woher hätte man wissen sollen, daß die Banken in Deutschland ihre Monopolstellung noch weiter festigen würden, und welche Auswirkungen das auf die mittelständischen Betriebe haben würde ?

Unser unabhängiger Wirtschaftsberater errechnete, daß ich mit meinem Betrieb einem gesicherten Auftragsvolumen von 800.000,- MARK allein in Deutschland im Jahr ausgehen konnte.

Die Aufträge aus den USA erreichten inzwischen auch über eine halbe Million MARK.

Das war doch die beste Voraussetzung für meinen Start in die Selbständigkeit. Es schien als sei die Beschaffung des geeigneten Grundstückes, die Werkhalle, der Betrieb, die Mitarbeiter – und das notwendige Fremdkapital eine Kleinigkeit.

Genau zu diesem Zeitpunkt flatterte mir der Hochglanzprospekt der Hypo-Bank per Post ins Haus. Es war die Hypo-Bankfiliale in Landshut, die da für sich Reklame machte und anbot, junge Unternehmer fachmännisch zu beraten. Ich blätterte in dem Prospekt und las :

„ Wir von der Hypo-Bank wissen, wie wichtig branchentypisches Know-How bei der Lösung von Finanzierungsfragen ist. Unsere Kundenberater im Ressort Geschäftskunden und Freie Berufe rechnen wie eine Bank und denken wie ein Unternehmer. Eine Bank - ein Wort. Die Hypo-Bank. Vereinbaren Sie einen Termin mit uns !"

Und genau das tat ich. Eine freundliche Stimme meldete sich am anderen Ende der Leitung. Ich bekam meinen Termin schon in der kommenden Woche und war voller Energie und Schaffensdrang, wollte meinen Betrieb aufbauen. Das Wissen, das Know-How war da, die ersten Aufträge hatte ich schon in der Tasche, der unabhängige Gutachter hatte mir grünes Licht gegeben, jetzt brauchte ich nur noch die partnerschaftliche Unternehmensberatung und Unterstützung einer seriösen Bank. Der Hochglanzprospekt war zum richtigen Zeitpunkt gekommen. Die Hypo-Bank hätte keinen geeigneteren Zeitpunkt finden können.

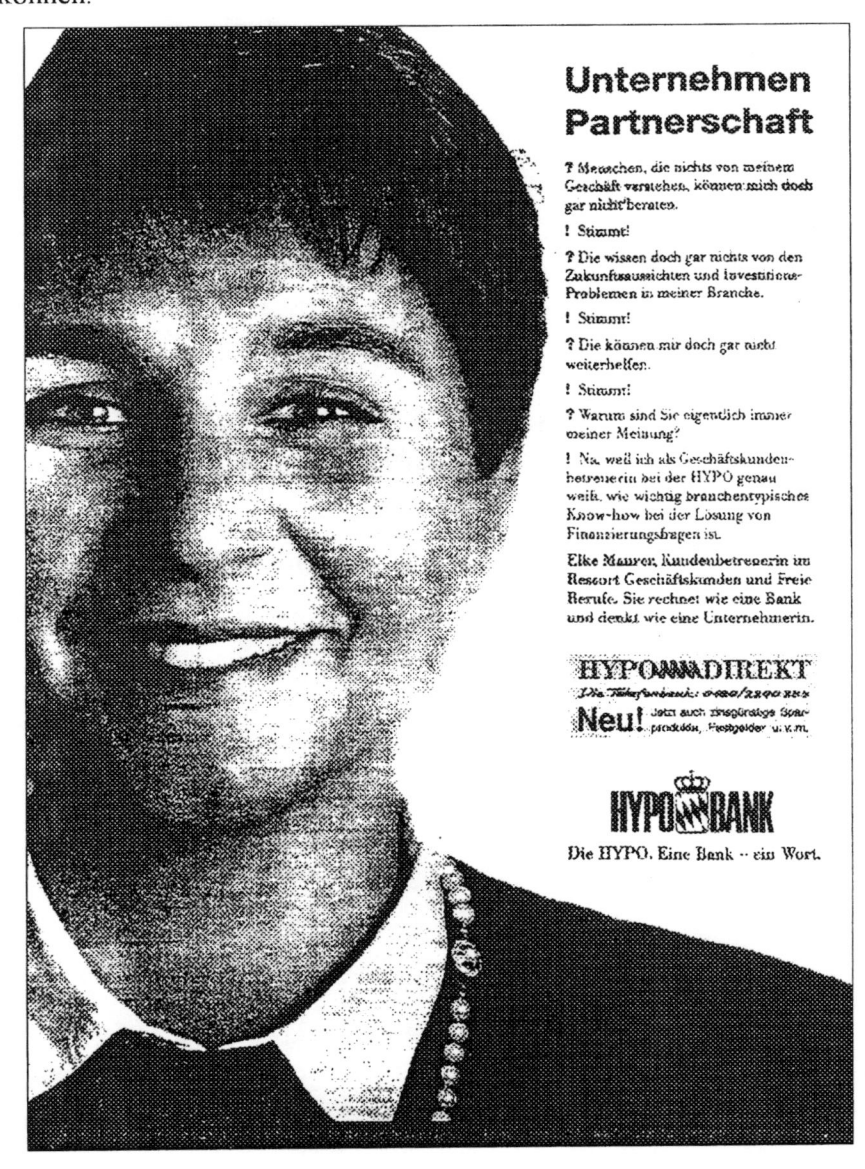

4.
Mit den besten Empfehlungen
Eine Bank – kein Wort

Bestens vorbereitet ging ich in dieses für mich so wichtige Verhandlungsgespräch mit der Filialleitung der Hypo-Bank in Landshut. Ich hatte für den Termin Unterlagen zusammengestellt, darunter Zeugniskopien, Lebenslauf, Referenzschreiben von Kunden, Auftragsbestätigungen, Entwürfe von exklusiven Möbeln, Fotos von Ausführungen, Gutachten und Kostenvoranschläge u.a. auch von Holzlieferanten, Absatzchancen in den USA, Referenzen und weitere Aufträge von unseren amerikanischen Kunden und Partnern usw.

Hauptgrundlage meiner Vorbereitung war das von Herrn Dipl. Ing. Gebhard Nöth verfaßte Gutachten beziehungsweise sein umfassender Bericht über die Existenzgründungsberatung. Immerhin war mir dieser Unternehmensberater vom Herrn Bankdirektor Reichert empfohlen worden.

Herr Nöth hatte seine Beratungsschwerpunkte folgendermaßen gegliedert:

Unternehmenskonzept, Umsatzentwicklung und Planung, betriebswirtschaftliche Aspekte, Finanzierung, Marketing, Werbung und Unternehmensrechtsformen.

Es ging um ein tragfähiges Unternehmenskonzept, um eine realistische Umsatzplanung und alle dazugehörenden betriebswirtschaftlichen Planungen, wobei vor allem auf immer ausreichende Liquidität geachtet wurde.

Ich ging die Ausführungen nochmals Punkt für Punkt genau durch, denn ich wollte perfekt planen und keinen Fehler machen. Immerhin hatte ich eine Familie zu ernähren.

Zunächst untersuchte der Unternehmensberater meine beruflichen und familiären Hintergründe:

Für meinen geschäftlichen Erfolg sprach, daß mein Vater Eugen Woikowski schon viele Jahre lang einen erfolgreichen Schreinereibetrieb leitete, sich dabei auf hochwertige Möbel in Exclusivanfertigung spezialisiert hatte, und allein schon aus räumlichen Gründen nicht weiter expandieren konnte.

Der Berater begutachtete meinen Ausbildungsweg und hob besonders zwei Motive hervor, die mich bewegten, unternehmerisch tätig zu werden:

1. Das Streben nach einer eigenständigen und eigenverantwortlichen Tätigkeit als freier Unternehmer.

2. „Als Branchen-Insider erkennt Herr Woikowski jun. die Marktchancen, die für hochwertige, exclusive Wohn- und Büromöbel in Deutschland, insbesondere jedoch in den USA bestehen".

Er hob hervor, daß weder bei mir, noch bei meiner Ehefrau Beate, die in der Startphase des Unternehmens als Bürokraft tätig sein sollte, bisher Wechselproteste, Konkurs-, Vergleichs- oder Meineidsverfahren aufgetreten seien. Außerdem hätte keiner von uns beiden Kreditkündigungen oder Vorstrafen zu verzeichnen.

Die Rechtsform des Unternehmens sollte als Einzelunternehmen geführt werden und die zu gründende Schreinerei sollte in die Handwerksrolle eingetragen werden. Das war kein Problem, da ich die Meisterprüfung mit guter Benotung bestanden hatte.

Zur Standortsituation wies der Gutachter darauf hin, daß ich mich zur Zeit in Verhandlungen mit der Gemeinde Taufkirchen befände, um von der Gemeinde ein Grundstück für die zu bauende Schreinerei zu erwerben. Der Standort Taufkirchen bringe den Vorteil, mit dem väterlichen Betrieb eventuell zu kooperieren.

Die Markt- und Konkurrenzsituation sprach ebenfalls für den Erfolg meines Betriebes, denn allein die Aufträge, die mein Vater bisher an Subunternehmer abgeben mußte, machten im Jahr ein Auftragsvolumen von 800.000,- MARK aus. Der Gutachter fügte an dieser Stelle in Klammern das Wort „gesichert" hinzu.

Der von den Industrie- und Handelskammern empfohlene bekannte Münchner Exportberater Herr Sckeyde hat im Auftrag von Herrn Woikowski sen. in den USA Gespräche geführt, und kommt zu dem Schluß, daß die Absatzchancen für exclusive deutsche Möbel in den USA gut seien.

Herr Nöth rechnete für meinen Betrieb im Jahr 1985 mindestens mit 200.000,- MARK Umsatzvolumen für die USA (Export von Schreibtischen), für 1986 schon mit 600.000,- MARK Umsatzvolumen für die USA.

Es ergab sich im Gutachten ein Gesamtauftragsvolumen für das Jahr 1985/86 von jeweils 800.000,- MARK.

Der Gutachter rechnete für das Jahr 1986 mit einem gleichbleibenden deutschen Auftragsvolumen, ging aber davon aus, daß sich das Geschäft in den USA auf weitere 600.000,- MARK erhöhen würde, weil zu den Schreibtisch-Umsätzen einige Objekt-Ausbauten kommen würden wie z. B. die Inneneinrichtung einer Villa in Los Angeles. Somit ergab sich für das Jahr 2 meiner beabsichtigten Betriebsgründung ein Gesamtumsatz von etwa 1,4 Millionen MARK.

Herr Nöth stellte weiter fest, daß ich im Bereich der Fertigung exclusiver Möbel so gut wie keine Konkurrenz hatte, und daß allgemein ein Trend zu individuellem Wohnen und zu höherem Wohnkomfort zu verzeichnen war.

Das Gutachten wies darauf hin, daß der Aufbau von Vertriebswegen im Exportgeschäft unter Umständen ein bis zwei Jahre in Anspruch nehmen würde.

Zusammenfassend wurde unter Unternehmenszweck aufgeführt :

1. Herstellung und Verkauf von exclusiven Büro- und Wohnmöbeln für gehobene Ansprüche sowohl in Deutschland, als auch in den USA. Ergänzend hierzu komplette Einrichtungen einschließlich Türen, Fenstern, Decken, Treppen, Teppichböden und Tapeten.

2. Herstellung und Verkauf von Innenausbauten für öffentliche und gewerbliche Auftraggeber.

3. Handel mit industriegefertigten Türen und Fenstern (nach Aufmaß).

Für die Anfangsphase, d.h. für das erste Jahr, riet Herr Nöth dazu, mit 4 Gesellen, 2 Lehrlingen, 1 Hilfskraft und 1 Bürokraft zu arbeiten, und das Personal später nur vorsichtig zu erweitern.

Der – nicht nur für die Hypo-Bank – wichtigste Teil des Gutachtens bezog sich auf die Finanzierung des Vorhabens. Herr Nöth errechnete folgenden Kapitalbedarf :

Investitionen (für Neubau)
Grundstück (ca. 3000 m2)	300.000,- MARK
Betriebsgebäude (inkl. Planungskosten)	600.000,- MARK
Betriebseinrichtung	150.000,- MARK
Gestaltung Betriebsgelände	50.000,- MARK
Klein-LKW	25.000,- MARK
PKW (z. B. Audi 100, als Zugfahrzeug)	30.000,- MARK
Büroeinrichtungen (mit Büromaschinen)	25.000,- MARK
	1.180.000,- MARK

Für die Warenerstausstattung wie Rohhölzer usw. setzte der Gutachter 70.000,- MARK an, für Betriebsmittel wie Geschäftspapiere ect. 10.000,- MARK. Die gründungsspezifischen Ausgaben wie Notar -, Steuerberatung usw. lagen bei 3.000,- MARK. Werbekosten schlugen mit 30.000,- MARK zu Buche, weitere Anlaufkosten im ersten Vierteljahr, darunter auch die Umsatz-Vorfinanzierung, wurden mit 80.000,-MARK berechnet. Zehn Prozent vom Anlage- und Umlaufvermögen sollte unbedingte Liquiditätsreserve sein, also 127.000 MARK.

Für den Gesamt-Kapitalbedarf ergab sich die Summe von 1,5 Millionen MARK.

Wir hatten nun die Finanzierung folgendermaßen geplant:

An Eigenkapital war 150.000,- MARK vorhanden, die restlichen 1,35 Millionen MARK sollten wie folgt finanziert werden :

1,1 Millionen aus öffentlichen Mitteln und 250.000,- MARK durch die Bank.

1,25 Millionen MARK waren für Investitionen und Warenerstausstattung erforderlich und sollten folgendermaßen finanziert werden :

Eigenkapital	150.000,- MARK
Eigenkapitalhilfe	300.000,- MARK
ERP-Darlehen	300.000,- MARK
Gründer-Darlehen von LfA	250.000,- MARK
Ergänzungs-Darlehen von LfA	250.000,- MARK
Gesamt	1.250.000,- MARK

Vom gesamten Kapitalbedarf von 1,5 Millionen MARK würden von der Bank lediglich 250.000,- MARK übernommen. Diese Summe stellt sich wie folgt dar :

Bank-Darlehen	100.000,- MARK(10 Jahre Laufzeit)
Kontokorrentkredit	150.000,- MARK
	250.000,- MARK

Es folgte die Aufstellung der zu erwartenden Zinsen und Tilgungen und die voraussichtlichen Betriebsergebnisse und die Liquiditätsrechnung für 1985/86.
Im Jahr 1985 ging der Unternehmensberater mit Plus-Minus-Null vor Steuern aus, im Jahr 1986 von 140.000,- MARK Gewinn. Das Gutachten endete mit dem Satz, daß die Wahrscheinlichkeit sehr groß sei, daß das Unternehmen für den Gründer eine Vollexistenz darstellen werde und darüber hinaus gute Chancen habe, noch zu expandieren.

Ein besseres Gutachten konnte ich mir also gar nicht wünschen. Für meine Exporttätigkeiten brauchte ich eine Bank mit internationalen Erfahrungen, die sich noch dazu als Experte in Gründungsfragen anbot. Der Prospekt der Hypo-Bank sprach für sich. Ich war also für das Gespräch bestens vorbereitet und hatte das Gutachten bereits vorher bei den Direktoren der Filialbank eingereicht.

Man führte mich in den Besprechungsraum der Hypo-Bank in Landshut. Dort hatte ich nun mit den Herren Reichert als Bankdirektor und Galler als Sachbearbeiter ein intensives Gespräch. Die Atmosphäre war entspannt und manchmal sogar locker. Allerdings interessierten sich die Herren nicht primär für meinen aufzubauenden Betrieb, sondern wie mir später klar wurde, mehr für mein Wissen über bankinterne Vorgänge wie Zinsschwankungen usw. Aber auch über das Vermögen meiner Eltern und Schwiegereltern wurde gesprochen.

Teilweise hatte ich während des Gespräches das Gefühl, daß ich regelrecht ausgefragt wurde, wieviel und was ich über Bankpraktiken wußte oder auch nicht wußte. Damals aber erschien mir das nicht so wichtig, und ich konnte darüber auch kaum Auskunft geben, da ich selbstverständlich voll und ganz damit beschäftigt war, meinen Betrieb aufzubauen und damit meinen lange Jahre gehegten Traum von einer eigenen Existenz als Unternehmer zu verwirklichen.

Das Gutachten wurde von den Herren als zutreffend eingestuft, man gratulierte mir zu meinem Vorhaben. Alle Anträge auf Förderung wurden in den folgenden Wochen von der Bank selbständig ausgefüllt und mir nur zur Unterschrift vorgelegt.

Im Mai 1985 erhielt ich ein Schreiben von der Hypo-Bank, in dem alle genehmigten Kredite im Gesamtvolumen von 1,5 Millionen Mark zugesagt wurden.

Aber das war nicht das einzig Positive, das ich aus den Verhandlungen mit der Hypo-Bankfiliale in Landshut mitnahm.

Die Herren überreichten mir mit ihren Glückwünschen auch gleich ein Referenzschreiben mit Datum vom 30. August 1985, das sich kaum noch an Lob übertreffen läßt. Wenn man an die folgende Entwicklung denkt, wird einem in der Tat ganz anders ob des Wortlautes :

„ Sehr geehrter Herr Woikowski, im Vorfeld Ihrer Existenzgründung, insbesondere in den langwierigen und mit Sicherheit schwierigen Verhandlungen im Zusammenhang mit der Betriebsübernahme in Permering haben Sie nicht nur Verhandlungsgeschick, sondern auch kaufmännischen Weitblick bewiesen. Dazu gratulieren wir Ihnen recht herzlich."

Und weiter : „ Als Ihre Bank freuen wir uns auf weitere gute Zusammenarbeit."

Ein weiteres Referenzschreiben mit Datum vom 24. Januar 1986, das ich zur Vorlage bei Auftragsverhandlungen und Ausschreibungen erhielt, heißt es :

„ Dietmar Woikowski halten wir für absolut fachkundig, ideenreich und rege. Sein besonderes Interesse gilt dem Export. Wir bringen Dietmar Woikowski Vertrauen entgegen. Nachteiliges, auch von dritter Seite, wurde uns bisher nicht bekannt. .... Eine Geschäftsverbindung kann empfohlen werden."

HYPO BANK

Bayerische Hypotheken- und Wechsel-Bank
Aktiengesellschaft

Herrn
Dietmar Wolkowski
Emlinger Str. 5

8252 Taufkirchen

Landshut, 30. August 1985

Sehr geehrter Herr Wolkowski,

Im Vorfeld Ihrer Existenzgründung, insbesondere in den langwierigen und mit Sicherheit schwierigen Verhandlungen im Zusammenhang mit der Betriebsübernahme in Permering haben Sie nicht nur Verhandlungsgeschick sondern auch kaufmännischen Weitblick bewiesen.
Dazu gratulieren wir Ihnen recht herzlich.

Das in diesen Tagen gleichzeitig stattfindende 25-jährige Betriebsjubiläum Ihres Herrn Vaters, dem wir auf diesem Wege unsere Gratulation aussprechen, ist für Ihre Betriebseröffnung sicher ein gutes Omen.

Wir wünschen nicht nur Ihrem Unternehmen einen guten Start und viel Erfolg, sondern auch Ihnen und Ihrer Familie Glück und persönliches Wohlergehen. Als Ihre Bank freuen wir uns auf weitere gute Zusammenarbeit.

Mit freundlichen Grüßen
BAYERISCHE HYPOTHEKEN- UND WECHSEL-BANK
AKTIENGESELLSCHAFT
FILIALE LANDSHUT

5.
Statt günstiger Kredite teure „Zwischenfinanzierung"

Nachdem mir die Hypo-Bank in jeder Beziehung grünes Licht gegeben hatte, widmete ich mich voll und ganz dem Aufbau meines eigenen Schreinereibetriebes. Ich möchte hier ausdrücklich betonen, daß ich für jede Form von kritischem Hinweis und auch für eine kritische Beratung seitens der Bank offen war. Ich hatte genau deshalb gleich zwei Gutachten bei Dipl. Ing. Nöth erstellen lassen, und diese bei der Hypo-Bank mit den anderen Unterlagen zusammen eingereicht.
Aber die beiden Herren Reichert und Galler sagten mir die volle Unterstützung der Hypo-Bank zu, waren über den Aufbau meines Unternehmens voll im Bilde, genehmigten den Finanzierungsplan und brachten die Anträge für die Finanzierungen mit Unterstützung der öffentlichen Hand auf den Weg. Ich war davon überzeugt in dieser Bank den Geschäftspartner zu haben, der mich hinsichtlich finanzieller Dinge fair und objektiv beraten würde. Ein Partner dem es auch tatsächlich um den Aufbau meines Unternehmens ging, das in den kommenden Jahren

weiter expandieren würde und das in den amerikanischen Markt einsteigen wollte.

Hätte ich geahnt, daß es der Bank offensichtlich nicht um langfristigen Erfolg und Gewinn ging, sondern um die „schnelle Mark", um gigantische Gewinne nur für den einen der Partner, wäre ich vielleicht mißtrauischer gewesen, aber was – das frage ich mich auch heute noch – hätte ich in der damaligen Situation konkret anders machen, was ändern können ?

In Taufkirchen und Umgebung sah ich mir geeignete Grundstücke an, um darauf meinen Betrieb zu errichten. Im Mai 1985 hörte ich zufällig im Dorf vom Konkurs der Firma Held in Permering. Eine 1983 neu erbaute Produktionshalle mit entsprechenden neuwertigen Maschinen und mit dazugehörendem Wohnhaus entsprach genau dem geplanten Vorhaben und war nur fünf Kilometer von meinem jetzigen Standort entfernt. Wenn ich einige kleinere Umbauarbeiten durchführen und noch einige zusätzliche Maschinen anschaffen würde, könnte ich viel eher mit meiner Produktion beginnen, als ich es gedacht hatte. Ich begann mich zu erkundigen und eine Kostenrechnung zu erstellen, die weitere positive Argumente lieferte :
Wenn ich die Produktionshalle mit Maschinen usw. übernähme, würde ich damit gleichzeitig mein Kreditvolumen von 1,5 auf 1,33 Millionen MARK reduzieren. Also schnellerer Produktionsbeginn bei gleichzeitiger Reduktion der Kosten. Ich ließ mir sofort einen Termin beim Herrn

Galler der Hypo-Bankfiliale geben, und ging mit ihm alle Unterlagen durch. Herr Galler war über die Veränderung äußerst positiv gestimmt und gratulierte mir zu dieser guten Gelegenheit. Ich nahm die Dinge also in Angriff.

Mit Datum 25.Juli 1985 erhielt ich von der Hypo-Bank das entscheidende Schreiben. Mir wurde mitgeteilt, daß alle gestellten Anträge genehmigt worden seien. Damit wurde mir das offizielle Finanzierungsangebot über 1,5 Millionen MARK übermittelt.

Dazu heißt es wörtlich in dem Schreiben der Hypo-Bank:

„Gerne bieten wir Ihnen die nachstehenden Darlehen an......"
Die Gesamtsumme aller Darlehen einschl. Eigenkapital betrug sodann 1,5 Millionen MARK.

Weiter heißt es schriftlich:
„Änderungen des Investitionsplanes bedürfen unserer Zustimmung. Wir behalten uns das Recht vor, in den Fällen einer Ermäßigung des Gesamtbetrages der Investitionen, wesentlicher Änderungen des Investitionsplanes oder einer Erhöhung bzw. Neugewährung von sonstigen öffentlichen Zuschüssen, Zulagen oder Darlehen die hier zugesagten Darlehensmittel entsprechend zu kürzen............"

„.........Bitte geben sie uns zum Zeichen Ihrer Annahme die beiliegende Kopie diese Schreibens rechtsverbindlich unterzeichnet bis spätestens 10. August 1985 zurück andernfalls erlischt dieses Angebot. Der Kreditvertrag erlischt , wenn die Darlehensmittel der LfA nicht bis zum 30.November 1985 und die Darlehensmittel der LAB nicht bis zum 22.April 1986 abgerufen sind.

Wir stehen Ihnen immer gerne zur Verfügung.

Mit freundlichen Grüßen

Gez. Galler und gez. Reichert"

In Absprache und mit Zustimmung meiner Hausbank entschied ich mich dafür, nicht neu zu bauen, sondern eine bestehende Firma mit der Produktionshalle und den Maschinen zu übernehmen. Bei dieser Übernahme beziehungsweise bei der Finanzierung dieser Übernahme war die Hypo-Bank über alle meine Schritte voll informiert und in allen Punkten voll beteiligt.

Es wurde notariell eine Eintragung einer Buchgrundschuld zu Gunsten der Hypo-Bank in Höhe von 900.000,- MARK auf das Anwesen in Permering vorgenommen. Die Gesamtsumme des Kaufvertrages für die Firma in Permering belief sich laut Kaufvertrag vom 29.Juli 1985 auf 576.000,- MARK. (250.000,- MARK für die Halle, 110.000,- MARK für das Wohnhaus und 216.000,- MARK für die Maschinen.)

Anläßlich eines weiteren Termines bei der Bank eröffnete uns Herr Galler, meine Frau war auch mit anwesend, daß es rein „pro forma" notwendig sei, das bisher beantragte Darlehen über 1,5 Millionen MARK abzulehnen. Er diktierte mir im Besprechungsraum der Hypo-Bank die folgenden Sätze an die eigene Bank:

Begleitschreiben zum Darlehensangebot

Ihr Darlehensangebot vom 25.Juli 1985 über insgesamt
1.500.000,- MARK kann in dieser Form nicht angenommen werden, nachdem sich der Umfang der Investition geändert hat. Neubearbeitung des Darlehens ist im Gange.

2.August 1985   gez. D.Woikowski

Anläßlich dieses Gesprächstermines bei der Hypo-Bank merke ich, daß sich die Atmosphäre verändert hatte. Man könnte sagen, daß im Vergleich zu den früheren Gesprächen bei der Bank, wo man mir immer wieder zu meinem Vorhaben gratuliert hatte, jetzt eine gewisse Unsicherheit seitens der Bank spürbar wurde. Ich fragte, ob auch alles in Ordnung wäre, ob die Finanzierung nach wie vor abgesichert wäre. Aber natürlich, hieß es. Man werde jetzt alles neu beantragen und selbstverständlich würde ich wie vorher auch die Fördergelder aus öffentlicher Hand erhalten. Die vorläufige Kündigung und Neubeantragung wäre nur rein formal notwendig, da sich der Umfang der Finanzierung durch die Übernahme der Firma Held verändert hätte, ich also nicht neu bauen würde.

Vielleicht hatten die Direktoren Reichert und Galler auch bei mir eine gewisse Verunsicherung wahrgenommen ? Ich weiß es nicht. Ich erhielt jedenfalls knapp drei Wochen nach dem Schreiben, das man mir in der Bank diktiert hatte, den bereits im vorherigen Kapitel zitierten Brief der Hypo-Bank, in dem es heißt, ich hätte im Vorfeld meiner Existenzgründung nicht nur Verhandlungsgeschick, sondern auch kaufmännischen Weitblick bewiesen.

Alle Aktionen und Änderungen anläßlich der Gründung meiner Firma sind immer in direkter Absprache mit der Hypo-Bank getätigt worden. Da man mir zugesichert hatte, daß ich nach wie vor die zinsgünstigen Förderkredite erhalten würde, machte ich mir über die Finanzierung keine Sorgen, sondern vertraute der Bank, den Fachleuten, und konzentrierte mich hundertprozentig auf den Aufbau meines Betriebes. So viele Dinge mußten erledigt werden :
Umbau des aufgekauften Geländes, der Werkhalle und des Wohnhauses, Kauf neuer Maschinen als Zusatzausstattung, Auswahl geeigneter Mitarbeiter, Kundengewinnung und Realisierung von Aufträgen.

- Prospekte drucken
- Einkauf von Rohmaterial
- Steuerkanzlei
- Anmeldung bei den Behörden und Ämtern
- bei der Handwerkskammer und der Innung
- den Berufsgenossenschaften
- notarielle Übertragungen
- Anmeldung der Mitarbeiter
- Arbeitsamt
- Krankenkassen

Mein Arbeitstag schien manchmal mehr als 24 Stunden zu haben – jedenfalls hätte ich das gerne so gehabt. Jede/r, die/der einen Betrieb gründet, wird wissen, was ich meine.

Am 1. August 1985 sah die Eröffnungsbilanz der Firma Dietmar Woikowski wie folgt aus :

AKTIVA – Anlagevermögen

Grundstücke	43.320,- MARK
Werkhalle	161.800,- MARK
Bürogebäude	14.900,- MARK

Garagen	29.920,- MARK
<u>Maschinen</u>	<u>190.000,- MARK</u>
	440.000,- MARK

Umlaufvermögen gesamt	27.096,- MARK

PASSIVA – Kapital

Verbindlichkeiten ges.	467.096,00 MARK

Mit Datum vom 14. August 1985 erhielt ich zunächst von der Hypo-Bank eine Kontokorrentkreditzusage (KK-Zusage) für die Zwischenfinanzierung in Höhe von 620.000,- MARK, wobei zu bedenken ist, daß dieser eingeräumte (teure) Zwischenkredit durch den Ankauf des Grundstückes, des Gebäudes und der Maschinen schon weitgehend erschöpft war.

Kurze Zeit später, am 18.September 1985 erhielt ich die Genehmigung der Eigenkapitalhilfe-Darlehen und ERP-Darlehen in reduzierter Form. Nach drei Monaten Bearbeitungszeit sieht die jetzige Kreditzusage wie folgt aus :

Feste schriftliche Kreditzusage vom 17.Oktober 1985

LfA 1	250.000,- MARK
LfA 2	250.000,- MARK
ERP Darlehen	183.000,- MARK
Bankdarlehen	200.000,- MARK
KK-Darlehen	150.000,- MARK
EKH-Darlehen	200.000,- MARK
Gesamtsumme	1.233.000,- MARK

Um es vorweg zu nehmen, diese Summe wurde niemals an mich ausbezahlt. Das Unternehmen war bereits angelaufen, als ich am 22. November 1985 von der Hypo-Bank Post bekam. Es hieß in dem Brief der Bank an meine Frau und mich :

„Leider müssen wir Ihnen die von Ihnen unterzeichneten Darlehensverträge für die EKH nochmals zusenden, nachdem die gesamtschuldnerische Mithaftung Ihrer Gattin durch die LAB Bedingung wurde. Wir bitten Sie, die beiden Verträge durch Ihre Ehefrau auf der Rückseite (rotes Kreuzchen) unterzeichnen zu lassen und uns ehestens wieder zuzusenden.

Im übrigen verweisen wir noch auf den von der LAB zum Mittelabruf noch benötigten Nachweis, daß Sie inzwischen in die Handwerksrolle eingetragen wurden".

Weiter legen wir die von Ihnen und Ihrer Gattin noch zu unterzeichnende Zweckerklärung für die Grundschuld 900.000,- MARK mit der Bitte um Rückgabe anbei.

Meine Frau wurde anläßlich eines Besuches bei der Hypo-Bank, wo sie einige Schecks zur Unterschrift einreichen wollte, von Herrn Galler in das Besprechungszimmer gebeten. Dort teilte er ihr mit, daß meine Kredite gefährdet wären, wenn sie nicht mit unterschreiben würde. Er fragte sie, ob sie denn kein Vertrauen zu ihrem Mann habe, ob sie denn nicht an den Erfolg ihres Mannes glaubte ? Ob wir Gütertrennung hätten ? Nein, dann müsse sie unterschreiben. Meine Frau Beate, die sich in Finanzierungsfragen übrigens nicht auskennt, wurde regelrecht unter Druck gesetzt. Was sollte sie machen ? Sie unterschrieb den Vertrag, den ihr Herr Galler präsentierte dort, wo das Kreuzchen war.

Mein Betrieb hatte genügend Aufträge und Anfragen zu bearbeiten, aber durch die viel zu knappe Finanzierung hatte ich ständig Probleme mit der unzureichenden Liquidität. Dazu faßt das renommierte Hamburger Institut für Finanzdienstleistungen e. V. (IFF) in einem späteren Gutachten zusammen :

Die Zwischenfinanzierung erfolgt im wesentlichen über einen Kontokorrentkredit von bis zu 620.000,- MARK, der durch den Ankauf des Grundstücks mit Gebäude und Maschinen bereits weitgehend erschöpft war. Zu keinem Zeitpunkt wird das (durch den veränderten Gebäudekauf reduzierte) geplante Kreditvolumen erreicht.

Und weiter in dem (IFF) Gutachten :
Die unzureichende Liquidität hat zur Folge, daß die Umsätze weit unter den Planzahlen liegen.

Immer hart am Rand des Liquiditätsmangels lavierend, fallen zunächst auch die USA-Vorhaben mangels cash-flow ins Wasser. Die zehn produzierten Schreibtische werden zunächst eingelagert, mehr und mehr Zeit vergeht damit, sich mit der Bank auseinanderzusetzen bzw. immer wieder nachzufragen, was mit den beantragten günstigen Fördermitteln geschehen ist, wann damit nun endlich zu rechnen ist.

Ich zitiere hier aus einigen Briefwechseln zwischen der Hypo-Bank und mir bezüglich dieser Problematik :

Schreiben der Hypo-Bank vom 20. Mai 1986:
Wir haben Ihnen mit Kreditzusage vom 14. August 1985 einen Kontokorrentkredit in Höhe von 620.000,- MARK zur

Zwischenfinanzierung der beauftragten Programmkredite eingewiesen. Dieser Kreditbetrag ist zur Zeit schon überzogen...............

Schreiben Hypo-Bank vom 29. Juli 1986:
Leider haben wir heute von der Kreditgarantiegemeinschaft des Bayerischen Handwerks GmbH die Mitteilung erhalten, daß in der letzten Bürgschaftsausschußsitzung Ihr Kreditantrag abgelehnt wurde................
Wir sind nunmehr gezwungen Ihr Kreditengagement neu zu ordnen................

Schreiben Hypo-Bank vom 8.August 1986:
Wir haben an die DAB Bonn geschrieben und darum gebeten, die EKH-Mittel auch weiterhin zur Verfügung zu stellen.........

Zusammenfassend kann ich nur sagen, daß ich mit Hinhaltetaktiken, unzureichenden Erklärungen von der Bank genötigt wurde, die teure Zwischenfinanzierung zu akzeptieren. Das Klima zwischen der Bank und mir hatte sich verändert. Von Partnerschaftlichkeit nicht mehr die Spur. Von Interesse an dem Betrieb, den ich aufbaute, auch nicht.

Nach der schriftlichen Kreditzusage vom 17. Oktober 1985 über 1,233 Millionen MARK erhalte ich mit Datum 12. August 1986 überraschend ein erneutes Angebot:

LfA 1	284.000,- MARK
LfA 2	16.000,- MARK
EKH	200.000,- MARK
sonst. öffentl. Mittel	183.000,- MARK
Fremdmittel	127.000,- MARK
Gesamtsumme	810.000,- MARK

Nachdem man mich von Seiten der Hypo-Bank genau ein Jahr lang hingehalten hatte, erhalte ich nun plötzlich und unerwartet ein wesentlich geringeres Angebot der Bank. Die geplanten geschäftlichen Vorhaben können damit endgültig nicht mehr durchgeführt werden, der cash-flow wird immer problematischer.

Am 18. September 1986 wird für die geplante und dringend erforderliche Renovierung des Wohnhauses eine Hypo-Bank-Baufinanzierung über 70.000,- MARK genehmigt.

Einen Tag später, am 19. September 1986, wurde mein Vater von Herrn Galler in das Besprechungszimmer der Hypo-Bank gebeten. Herr Galler teilte meinem Vater mit, daß es aus reinen „pro forma-Gründen" notwendig sei, daß er für seinen Sohn eine Bürgschaft in Höhe von 200.000,- MARK übernehmen müsse. Mein Vater wunderte sich darüber und fragte nach weiteren Gründen. Herr Galler antwortete, die Übernahme der Bürgschaft gehöre zur Obligation der Gesamtfinanzierung der abgesicherten Kredite, die ja schon vor einem Jahr zur Verfügung gestellt worden seien. Er sicherte ihm zu, daß er selbstverständlich jederzeit von dieser Bürgschaft zurücktreten und mit 65 Jahren in den Ruhestand gehen könne. Die Kreditfinanzierungshöhe wollte er ihm nicht bekanntgeben, wozu auch, so Herr Galler, die geschäftliche Entwicklung des Sohnes sei doch ausgezeichnet.

Herr Galler bedauerte immer wieder, daß mein Vater allein erschienen war, denn beide, mein Vater und meine Mutter, müßten die Unterschrift leisten. Sonst wäre die ohnehin ungedeckte Bürgschaft wertlos. Mein Vater bat darum, das Schriftstück über die Bürgschaft in Höhe von 200.000,- MARK mit nach Hause nehmen zu dürfen, und dort das Dokument gemeinsam mit seiner Frau zu unterschreiben. Diesen Vorschlag lehnte Herr Galler ab. Es ließ stattdessen ein zweites Bürgschaftsformular ausfertigen, das mein Vater für die Unterschrift mit nach Hause nehmen sollte. Mein Vater fühlte sich bei der ganzen Angelegenheit nicht wohl und sah die Notwendigkeit dieser Bürgschaft nicht ein. War sie nun notwendig oder war sie nur „pro forma"?

Er fragte nochmals nach. Da wurde Herr Galler deutlicher und antwortete :

Wenn Sie nicht unterschreiben, müssen wir leider alle Kredite Ihres Sohnes kündigen !

Es war im Grunde wie bei meiner Frau Beate, erst „pro forma", dann die Drohung. So unterschrieb mein Vater zwar mit ungutem Gefühl, aber er wollte meinem geschäftlichen Fortkommen nicht schaden. Meine Mutter hatte glücklicherweise diese Unterschrift nie geleistet.

Am 24. September 1986 wird von der Hypo-Bank eine weitere Baufinanzierung in Höhe von 30.000,- MARK genehmigt.

Erst am 17. Oktober 1986, also nach fünfzehn Monaten teurer Zwischenfinanzierung, erhalte ich Nachricht, daß die Sonderkredite LfA 1 und LfA 2 abgerufen werden können.

Man fragt sich, wodurch und warum diese fünfzehn Monate Wartezeit entstanden sind.

Mir war inzwischen von der Hypo-Bank mitgeteilt worden, daß es Probleme mit der KGG-Bürgschaft (Kreditgarantiegemeinschaft) geben würde, ich solle deshalb finanziell gesehen absolute Zurückhaltung üben.

Meine Nachfragen wurden regelrecht abgewimmelt. Viel später erfuhr ich in einem Prozeß, daß die KGG angeblich nur bei einem Neubau des geplanten Betriebes Bürgschaften übernommen hätte. Ich denke, man hätte mir diesen Punkt unbedingt im Beratungsgespräch mitteilen müssen.

Fazit :

Durch die verzögerte Auszahlung der zinsgünstigen Förderprogramme und durch falsche Wertstellungen sind in der Zeit zwischen dem 1. Februar 1985 und dem 19. Oktober 1988   185.324,78 MARK an Gebühren, Provisionen, Spesen, Auslagen usw. angefallen, wobei nach dem Wertstellungsgutachten von Herrn Eibl die Hypo-Bank 105.000,- MARK zuviel eingenommen hat, siehe dazu Kapitel 10 (Vermögensbildung der anderen Art). Keine schlechte Summe für eine Hinhaltetaktik; noch dazu, wenn man nichts verlieren, sondern immer nur dazugewinnen kann, denn die Bank war ja immer voll und ganz abgesichert.

Dazu heißt es in der Untersuchung „Ohnmacht der Verbraucher gegenüber Banken und Versicherungen?" der Friedrich-Ebert-Stiftung :

„Der Vertreter des Hamburger Instituts für Finanzdienstleistungen (IFF) wirft den Banken vor, sie fungierten in der Praxis als Grundpfandrechtverleiher und nicht als cash-flow-Finanzierer. Diese Haltung sei heute eines der Hauptprobleme des deutschen Mittelstands. Denn die mittelständischen Unternehmen verfügten in der Regel nicht über Grundbesitz, sie hätten keine Kreditgeschichte und keine bestimmten Branchenanalysen parat und könnten auch nicht auf die Geschäftsberichte der letzten fünf Jahre verweisen. Die kreditsuchenden Mittelständler seien vielmehr Personen mit manchmal nicht mehr als einer Geschäftsidee. Der Mittelstand sei jedoch heute der entscheidende Motor dafür, daß in Deutschland neue Arbeitsplätze geschaffen werden.

Bekanntlich wurde in den Großunternehmen der Europäischen Union in den letzten zehn Jahren nicht ein einziger zusätzlicher Arbeitsplatz geschaffen. <u>Die Praxis belege jedoch, daß die Banken heute nicht mehr bereit seien, ein eigenes Risiko einzugehen. Stattdessen benutzten sie zunehmend staatliche Programme, um hundertprozentig sichere Kredite auszugeben.</u>"

In meinem Fall standen die Fördermittel in voller Höhe bereits ab 1985 zur Verfügung. Die Hypo-Bank lehnte die Ausreichung dieser Mittel ohne mein Wissen zum angegebenen Zeitpunkt ab, so wurden diese Mittel erst eineinhalb Jahre später, d.h. Ende 1986 ausbezahlt.

Ich zitiere hier aus einem Schreiben der Deutschen Ausgleichsbank vom 17. April 1997 :

Der Antrag auf Mittel aus dem ERP-Existenzgründungs-Programm (ERP) und Eigenkapitalhilfe-Programm (EKH) ging uns in der ersten Fassung, datierend vom 5. Oktober 1984, am 11. Februar 1985 zu. Das EKH Darlehen wurde in Höhe von 300.000,- MARK mit der Auflage bewilligt, vor Abruf der Darlehensmittel den Bericht über den Export einzureichen. Die ERP-Mittel konnten in Höhe von 183.000,- MARK zugesagt werden. Beide Darlehensverträge datieren vom 22. April 1985.

Die Bayrische Hypotheken- und Wechselbank (Hypobank) bat uns mit Schreiben vom 21. August 1985 das Eigenkapitalhilfedarlehen wegen

Änderung des Gesamtvorhabens auf 200.000,- MARK zu reduzieren. Diesem geänderten Antrag wurde von uns am 18. September 1985 stattgegeben.

Der Abruf der Mittel aus dem Eigenkapitalhilfe-Programm ging uns mit Post vom 13. Januar 1986 zu. Obgleich die Darlehensauflage nicht erfüllt werden konnte – der beauflagte

Bericht war zu diesem Zeitpunkt noch gar nicht in Auftrag gegeben worden, weil dies Kosten in Höhe von bis zu 40.000,- US $ verursacht hätte – haben wir die Mittel am 27. Februar 1986 an die Hypo-Bank ausgezahlt, um das Vorhaben nicht zu gefährden.

Mit Post vom 3. April 1986 bat uns die Hypo-Bank um Verlängerung der Abruffrist für das ERP- Darlehen bis zum 30. September 1986. Diesem Wunsch wurde entsprochen. Letztendlich wurden diese Darlehensmittel aber erst am 13. November 1986 von der Hypo-Bank abgerufen.

Leider erfuhr ich, von diesen wahren Hintergründen, der verspäteten Abruffristen der Hypo-Bank, erst 1997 durch den Redakteur Herrn Fleischer der Sendung „Frontal". Die Hypo-Bank hatte mir, aus welchen Gründen auch immer, nicht mitgeteilt, wann sie welche Kredite beantragt und wann sie welche Fördermittel abgerufen hatte.

So war ich (beabsichtigt und geplant ?) in die Zwangslage gekommen, daß mein Unternehmen bereits angelaufen war und ich somit ständig Überziehungen des Kontos für die Lieferanten, Löhne usw. hinnehmen mußte.

Hätte ich nicht einen so guten Ruf als Handwerker gehabt, wäre die Situation schon viel eher eskaliert. So hielt ich meine Familie und mich durch Arbeit, Arbeit und nochmals Arbeit immer gerade so über Wasser.

6.

Schluß ! Aus ! Ende !
Die Bank will mir den Strom abstellen

Der Ton zwischen der Bank und mir hatte sich innerhalb kürzester Zeit weiter verändert, was nicht daran liegen konnte, daß es mir an Aufträgen mangelte. Wie schon erwähnt, erfuhr ich fast zufällig von der KGG - Kreditgarantiegemeinschaft des Bayrischen Handwerks GmbH Bürgschaft in einem Brief, den die Hypo-Bank meiner Frau und mir am 20.Mai 86 zusandte. Es heißt in diesem Schreiben wörtlich :
Nachdem die Gewährung der KGG-Bürgschaft Bestandteil unseres Kreditengagements ist, dürfen wir Sie bitten, bis auf weiteres nur im Rahmen der zugesagten 620.000,- MARK zu verfügen. Wir dürfen Sie deshalb bitten, bei der Ausstellung von Schecks Zurückhaltung zu üben und nur im Rahmen Ihrer Zahlungseingänge innerhalb der zugesagten Kreditlinie zu verfügen.

Wissen sollte man, daß die Hypo-Bank selbst Gesellschafter der KGG war. Hatte sie dort die Interessen ihrer eigenen Kunden nicht wahrgenommen ?
Hatte sie gegen ihren eigenen Kunden und dessen Förderkredite gestimmt ?

Am 2. Februar 1987 erreichten mich zwei Mitteilungen der Hypo-Bank. Einmal die Mitteilung der Gutschriften über die eingesetzten Darlehen seitens der Hypo-Bank :

ab 08/85 sukzessive	113.600,- MARK
08/85 Eigenmittel	90.000,- MARK
27.2.86 EKH	200.000,- MARK
4.11.86 LfA 1+2	300.000,- MARK
13.11.86 ERP	183.000,- MARK
Verfügbare Mittel	886.600,- MARK

Gleichzeitig unterbreitete mir die Hypo-Bank ein Angebot über zusätzliche Kredite, denn es war klar, daß mein Betrieb mit der oben aufgeführten Summe nicht auskommen konnte – man vergleiche mit dem Finanzierungsplan des Gutachters Herrn Nöth. Trotz der Zusage fehlten mir immer noch auf 1.338.000,- MARK mindestens 451.400,- MARK zusätzlich.

Am 5. August 1986 hatte ich mich an den damaligen Bayrischen Ministerpräsidenten Dr. F.J.Strauß gewandt und meine Probleme mitgeteilt. Interessant in diesem Zusammenhang war, daß ich vom Bayrischen Staatsministerium für Wirtschaft und Verkehr am 10. September 1986 folgende Antwort bekam :

„Nach Auskunft der LfA hat sich Ihre Hausbank bereit erklärt, die Primärhaftung für das beantragte Existenzgründungsdarlehen zu übernehmen, und die Fördermittel ohne Bürgschaft auszureichen ... ",,

gez. Dr. Link Ministerialrat.

Die Information, die das Bayrische Staatsministerium für Wirtschaft und Verkehr offensichtlich auf Anfrage von der Hypo-Bank erhalten hatte, stimmte nicht mit dem Verhalten der Bank meinem Betrieb gegenüber überein. Im Gegenteil !

Die Bank zog sich mehr und mehr aus den ursprünglich gegebenen Zusagen zurück, führte diese mehr und mehr ins absurdum.

Im Januar 1988 war es zum Direktionswechsel in der Hypo-Bankfiliale gekommen. Gleichzeitig hatte sich das Geschäftsklima weiter verschlechtert.

Hier einige Beispiele dafür, was nun von mir gefordert wurde:

18.01.1988	Aufstellung des derzeitigen Unternehmensstandes
01.03.1988	Aufstellung des derzeitigen Unternehmensstandes
11.03.1988	Aufstellung von Zessionslisten (Abtretung von Kundenforderungen)
01.04.1988	Erneute Aufstellung des derzeitigen Unternehmensstandes
13.04.1988	Handschriftliche Aufstellung der Hypo-Bank über die Rückführung des momentanen KK-Standes von 217.000,- MARK auf 56.000,- MARK
18.04.1988	Schriftliche Aufstellung der Hypo-Bank über die Rückführung des KK-Standes von 183.000,- MARK auf 56.000,- MARK
22.04.1988	Aufstellung von Zessionslisten (Abtretung von Kundenforderungen)
30.05.1988	Aval-Krediterhöhung von 50.000,- MARK auf 223.000,- MARK mit keiner Wirksamkeit (siehe unten).
07.06.1988	Erneute Aufstellung des derzeitigen Unternehmensstandes
12.08.1988	Aufstellung von Zessionslisten (Abtretung von Kundenforderungen)

Am 30.5.88 wird mein Avalkredit von 50.000,- MARK auf 233.000,- MARK erhöht, aber der Betrieb kann mit dem Geld nicht arbeiten, da diese Summe sofort als Kreditrückzahlung verbucht wurde.
Der momentan zustimmende Kreditrahmen sah so aus :

Kontokorrent (KK)	80.000,- MARK
LfA 1	284.000,- MARK
LfA 2	16.000,- MARK
EKH	200.000,- MARK
Hypo-Bank-Darlehen	30.000,- MARK
Programmkredit	183.000,- MARK
Hypo-Bank-Baufinanzierung	70.000,- MARK
Gesamt	863.000,- MARK

Der KK-Stand (Kontokorrentstand) lag Anfang Juni 1988 bei 140.167,95 MARK, also genau 60.167,95 MARK über dem von der Bank eingeräumten KK-Kredites.

Ein Bankvertreter meldete sich mindestens täglich bei mir. Ich hatte inzwischen mit so vielen unterschiedlichen Bank-Mitarbeiter/innen zu tun, daß ich kaum noch Gesichter mit den vielen Namen verbinden konnte. Immer wieder mußte ich neueste Bilanzen erstellen. Es wurden eine Vielzahl von Vorschaubilanzen, Zusammentragungen, laufende

Zessionsaufstellungen, Berichte über die Beschäftigungslage, Umsatzlage usw. verlangt. Für jemanden, der ein Unternehmen gründet, bedeutet das, daß ein erheblicher Teil der Arbeitszeit für die Geschäfte mit der Bank verwendet werden muß.

Von dem daraus resultierenden Untergang jedes Familienlebens ganz zu schweigen. Nachdem ich meinen Kindern und meiner Frau monatelang versprochen hatte, am Geburtstag der jüngeren Tochter zu Hause zu sein und die Feier mit zugestellten, klingelte ausgerechnet an diesem Nachmittag das Telefon und ein Bankmitarbeiter beorderte mich in die Hypo-Bankfiliale. Wenn ich nicht käme und Einblick in die Auftragslage gäbe, sei meine Kreditlinie gefährdet. Also mußte ich gehen. Zurück blieben die Kinder und meine Frau, die von diesem Tag an nicht mehr an Zusagen meinerseits, die unser Privat- und Familienleben betrafen, glauben konnten.

Fast ohne daß ich es merkte, wurde ich mehr und mehr zu einem externen Mitarbeiter der Hypo-Bank, während für meinen Betrieb nur noch wenig Zeit blieb. Das Familienleben wurde ganz gestrichen, was mir aus heutiger Sicht sehr leid tut, denn ich habe dadurch das Heranwachsen meiner Kinder nicht so miterlebt, wie es hätte sein können - und sein sollen.

Im Juni 1988 ereignet sich eine geradezu absurde Geschichte in der Bank. Mir wird angeraten, ein Sparkonto zu eröffnen, in das monatlich 6.000,- MARK vom Geschäftskonto einfließen sollen um die Rückführung der staatlichen Förderprogramme leichter bedienen zu können.

Der Zinssatz auf dem Kontokorrentkonto betrug über 10,0 %. Vier Monate lang wurden nun 6.000,- MARK auf das Sparkonto eingezahlt, das inzwischen auf 24.000,- MARK angewachsen war. Fünf Monate später erfahre ich, daß ich auf dem Sparkonto 6,70 MARK Zinsen erhalten habe. Es ist für einige Jahre das letzte Mal, daß ich etwas über das Sparkonto mit der Nummer 601 230 7193 erfuhr, denn es verschwindet lange Zeit spurlos, wird von der Hypo-Bank kommentarlos konfisziert. Erst nach beharrlichem Nachfragen auch seitens meines Anwalts tauchte das Konto am 8.April 1997 wieder auf. Zinsen wurden nicht gutgeschrieben. Im Gegenteil!

Eine seltsame Minimierung ist eingetreten, denn das Konto weist nur noch ein Guthaben von 17.996,86 MARK auf.

Aber das sind sozusagen „kleine Fische" im Vergleich dazu, was noch „im Sand", im Getriebe der großen Bank verschwinden wird.

Ende August 1988 zeigt sich, was die Hypo-Bank wirklich vorhat. Ein weiterer Mitarbeiter der Hypo-Bank, den ich bis dato noch nicht kennengelernt hatte, besucht mich im Betrieb, und kündigt an, daß der momentane Kontokorrentstand von 202.000,- MARK nicht höher als 194.000,- MARK sein darf.

„Ich muß unverzüglich 8.000,- MARK zurückführen bzw. einzahlen. Weiter erklärte er mir daß sich nun die Zentrale in München einschalten werde und ihr Mitspracherecht geltend macht. Von meinem Vater werde nun massiv versucht seine Bürgschaft von 200.000,- MARK innerhalb der nächsten 14 Tagen einzutreiben. Ein neutraler Gutachter schätzt meine Firma inkl. Maschinen ohne Besichtigung auf 440.000,- MARK. Die Schätzung der Hypo-Bank Schätzung liegt bei 360.000,- MARK. Folgend erklärte mir der neue Firmenkundenbetreuer Herr Kunz, daß keine Bank, bei der schlechten Bilanz einsteigen wird".

Inzwischen verbringe ich bis zu 80 Prozent meiner Zeit damit, für die Bank zu arbeiten. Ich gehe von einer in die nächste Verhandlung mit der Bank, und bin dabei mit immer wieder neuen Mitarbeitern/innen der Hypo-Bank konfrontiert, die meinen Fall nicht kennen, mit meinem geschäftlichen Hintergrund nicht vertraut sind. Für die so notwendige Auftragsaquisation und Auftragserfüllung fehlt zunehmend die Zeit. Anstatt den Betrieb konsolidieren zu können, rette ich ihn und damit auch die mit dem Betrieb verbundenen Arbeitsplätze und die Existenz meiner Familie von Katastrophe zu Katastrophe. Es geht nicht mehr ums Leben, sondern immer mehr nur noch ums Überleben.

Mehr und mehr überweist die Hypo-Bank nur noch selektiert, d.h. Lieferanten warten auf den Eingang ihres Geldes, andere erhalten ihr Geld erst nach Mahnungen usw. Bewußt wurde die Zahlung der Rechnung der OBAG (Energieversorgung Ostbayern AG - Strom) mehrmals von der Hypo-Bank abgelehnt.

Gleichzeitig hatte die Hypo-Bank im Monat Mai einen auf einen Lieferanten ausgestellten Scheck nicht eingelöst. Die Folgen waren dann katastrophal: Der Lieferant meldete den geplatzten Scheck bei der Schufa. Die Schufa meldete es an die Warenversicherer verschiedener anderer Lieferanten. Daraufhin wurden alle Warenkredite der Hauptlieferanten zurückgezogen und mußten bezahlt werden. Von diesem Tag an sind weitere Waren und Materialien nur noch per Vorkasse ausgeliefert worden.

Um Ihnen den Hintergrund der Überlegungen bei der Hypo-Bank zu zeigen, greife ich ein wenig vor. Bei einer späteren Gerichtsverhandlung sagte Herr Spahic, (damals Fachabteilung Kredit von der Hypo-Bankfiliale in Landshut, heute Leiter des Kreditcenters Bayern-Süd, Privat- und Geschäftskunden in Regensburg) :

„Dies geschah aus erzieherischen Gründen!"

Ich hatte diesen Mitarbeiter übrigens niemals kennengelernt, obwohl ich mich wieder und wieder darum bemüht hatte, sowohl mündlich als auch schriftlich. Wir begegneten uns ohne einer Aussprache zum ersten Mal in diesem Gerichtssaal. Wie man über die Existenz einer Familie, eines Betriebes mit acht Arbeitsplätzen entscheiden kann, ohne zumindest ein persönliches Gespräch geführt zu haben beziehungsweise vor Ort gewesen zu sein, ist mir noch heute vollkommen unbegreiflich.

Der mir zugesagte Avalkredit von 223.000,- MARK wird am 1. September 1988 ohne Absprache mit mir auf 120.000,- MARK reduziert. Ich versuche sofort, einen Termin bei der Hypo-Bank zu bekommen, versuche, endlich jemanden dort zu finden, der/die gemeinsam mit mir eine Lösung für die Situation findet, aber ich bin nur wieder mit einem neuen Sachbearbeiter konfrontiert, der mir sagt, er müsse sich erst die entsprechenden Unterlagen besorgen, und im übrigen habe sich die Hypo-Bank in München eingeschaltet. Die Münchner Hauptstelle würde letztlich entscheiden. Auch dort finde ich keinen Ansprechpartner.
Inzwischen drängt die Hypo-Bank darauf, daß ich mit dem Betrieb meines Vaters fusionieren solle. Der Druck wird ständig von der Bank erhöht.
Am 30.September 1988 ist auf dem Konto-Auszug ein Minus-Saldo von 166.569,41 MARK angegeben.

Ein weiteres Mal wurde der Überweisungsauftrag einer Rechnung der OBAG (Strom) von der Hypo-Bank abgelehnt. Ich erhielt ein Schreiben von der OBAG, daß nun meinem Betrieb die Stromsperre droht.
Somit können auch bestehende Auftragsvolumen nicht mehr ausgeführt werden. Einem Handwerker (Schreiner) den Strom abzudrehen, bedeutet unmißverständlich das Aus.
Ich versuche wieder und wieder ein Gespräch mit der Hypo-Bank zu führen, um eine Lösung zu finden, sende meine Auftragsbücher, meine noch ausstehenden Rechnungen usw. Aber ich erhalte von der Hypo-Bank keine Chance. Die Bank drängt nach wie vor auf die Fusionierung mit dem Betrieb meines Vaters. Man fragt sich, ob die Taktik der Bank von vornherein auf seinen Betrieb zielte!

Gemeinsam mit den Mitarbeitern entscheiden wir über die Zukunft der Schreinerei.

Am 14.Oktober 1988 teile ich der Hypo-Bank mit, daß ich meinen Schreinereibetrieb zum 30.September 1988 eingestellt habe.
„ Aber warum tun Sie das ? " fragt völlig entgeistert mein langjähriger Steuerberater. „ Ihr Betrieb läuft doch gut, Sie haben doch genügend Aufträge !"
Die Hypo-Bank hatte mir mehrmals geraten, den Steuerberater zu wechseln. Er ist aus dem Steuerbüro, welches auch meinen Vater betreut. Paßte seine Aussage über meinen Betrieb nicht in das Programm ?

7.

Konkurs und Versteigerung
Gebühren, Provisionen, Zinsen
Ein blühender Geschäftszweig –

Die Zeitschrift „Microsoft Vorsprung" faßt die Geschehnisse später folgendermaßen in einem Artikel über mich zusammen :

Das Geschäft lief gut an. Nach dem ersten Jahr hatte die Schreinerei allein Exportaufträge in Höhe von 300.000,-MARK. Acht Mitarbeiter waren eingestellt. Als das junge Unternehmen richtig loslegen wollte, verweigerte die Bank die Auszahlung der zweiten, für die Anschaffung von Maschinen und Materialien dringend erforderlichen Kredithälfte. Herr Woikowski mußte einen Zwischenkredit zu hohen Zinsen aufnehmen und den Gürtel enger schnallen, wo es nur ging.

„Eineinhalb Jahre war Schmalhans bei uns Küchenmeister",
beschreibt er seine private Situation. Das Ende konnte er nicht abwenden. Das Unternehmen geriet in Zahlungsnot, hatte hohe Rückstände bei Lieferanten, die zu keinen weiteren Lieferungen bereit waren. Als die

Bank dann auch noch die Überweisung der Stromrechnung einstellte, wurde dem Unternehmen quasi der Saft abgedreht. 1988 liquidierte Dietmar Woikowski sein erstes Unternehmen.

„ Das von der Bank erstellte Finanzierungskonzept war von Anfang an zu eng ausgelegt," bewertet Jan Evers, Spezialist für Neugründungen beim Hamburger Institut für Finanzdienstleistungen (IFF) den Fall. „ Es fehlten ausreichend Gelder für Betriebsmittel."

Der Fehler, den seiner Erfahrung nach viele Geldhäuser bei Neugründungen machen : <u>Weil die Bank das Risiko scheut, drückt sie das Kreditvolumen nach unten und wird nervös, wenn das junge Unternehmen für Investitionen mehr Mittel benötigt. Fatale Folge : Wenn das Unternehmen wächst, gibt es schnell Liquiditätsprobleme.</u>

Zum 30.September 1988 hatte ich in Absprache mit meinen Mitarbeitern/innen meinen Schreinereibetrieb aufgegeben. Am 19. Oktober 1988 kündigt die Hypo-Bank in zu hinterfragender Schnelligkeit (innerhalb von zwei Tagen) alle Kredite :

KK	177.988,23 MARK
Hypo-Darlehen	29.375,04 MARK
LfA 1	284.000,- MARK
LfA 2	16.000,- MARK
DAB	183.000,- MARK
Gesamt	690.363,27 MARK

Die offenen Beträge der Kreditofferten wurden von der Bank also in Höhe von 690.363,27 MARK betitelt. Gleichzeitig wurden alle günstigen Kredite von der Hypo-Bank auf ein Überziehungskonto gebucht, das ab diesen Zeitpunkt mit durchschnittlich 13 % Zinsen verrechnet wurde.

Ich hatte den Betrieb persönlich nicht mehr weiterführen können, und übergab wiederum in Absprache mit meinen Mitarbeitern/innen und meinem Vater die Weiterführung des Betriebes an die neu gegründete Woikowski GmbH. Die Hypo-Bank versuchte im Oktober 1988 meinen Vater Eugen Woikowski sofort über seine Bürgschaft von 200.000,- MARK in Anspruch zu nehmen.

Von nun an beginnt ein Wettlauf mit Zinsen und Zinseszinsen, mit Gebühren und Mahnbescheiden, mit Pfändungsandrohungen und Gerichtsurteilen. Ich werde mich bei der Schilderung dieser nervenaufreibenden Zeit auf einige wenige Vorgänge konzentrieren, denn sonst müßte ich hier tausende von Dokumenten zusammenstellen und dennoch ergibt das nun folgende ein komplexes Thema.

Mit Datum vom 14. November 1988 erreicht mich ein Vorpfändungsbescheid der Hypo-Bank, daß sie einen vollstreckbaren Anspruch von 144.000,- MARK geltend machen werde.

Zusammengesetzt aus der notariellen Grundbestellungsurkunde vom 29. Juli 1985 mit 16 Prozent Zinsen aus 900.000,- MARK vom 29. Juli 1985 bis 28. Juli 1986.

Kurz vor Weihnachten, nämlich am 13. Dezember 1988 wird von der Hypo-Bank durch den Gerichtsvollzieher in Erding ein erweiterter finanzieller Anspruch von 348.800,- MARK gegen mich geltend gemacht. Diese Summe soll sich nun aus der Grundbuchbestellungsurkunde vom 29. Juli 1985 bis 30. Dezember 1987 über die Höhe von 900.000,- MARK bei 16 % Verzinsung zusammen setzen.

Sie können sich vielleicht vorstellen, wie das Weihnachtsfest aussah, das meine Familie und ich feierten. 16 % Zinsen aus einem Betrag, den ich von dieser Bank nie erhalten habe und das seit 1985.

Meinem Vater wird mitgeteilt, daß er bei einer sofortigen Zahlung von 250.000,- MARK aus seiner Bürgschaft entlassen sei. Da diese Zahlung nicht möglich war, mußte auch er seinen Schreinereibetrieb aufgeben, da unmittelbar in Folge, zu Gunsten der Hypo-Bank, eine Zwangshypothek auf sein Grundstück eingetragen wurde. Er hatte seinen Betrieb fast 35 Jahre lang erfolgreich geführt und kurz vor seiner Rente versuchte die Hypo-Bank ihm alles zu nehmen, was er mühevoll und schwer arbeitend aufgebaut hatte.

Ich mache nun einen Sprung von dem beschriebenem Jahr 1988 in das Jahr 1992, um die Absurdität solcher Zwangspfändungen zu dokumentieren.

Mit Datum vom 4. März 1992 wird mir vom Amtsgericht München mitgeteilt, daß zur Befriedigung der Hypo-Bankansprüche sich folgende Zusammenstellungen ergeben:

Ansprüche a.d. Versteigerungserlös	506.069,13 MARK
Kosten der Rechtsverfolgung	1.921,16 MARK
16 % Zinsen aus 900.000,- MARK (f.d. Zeit v. 1.Jan. 86 – 30. Juli 91)	804.000,- MARK
Grundschuldhauptsache	900.000,- MARK
Die bisherige Schuldenmasse beträgt	1.719.000,83 MARK

Das heißt im Klartext, für 690.000,- MARK staatlicher Förderprogramme hat sich innerhalb 4 Jahren, zu Gunsten der Hypo-Bank, ein Schuldenberg von 1.700.000,- MARK entwickelt.

Als Zeuge wird von der Hypo-Bank immer wieder ein Herr genannt, den ich nie kennengelernt hatte und mit dem ich nie persönlich gesprochen hatte : Herr Spahic.

Immer wieder erreichen mich Pfändungs- und Vollstreckungsversuche seitens der Hypo-Bank durch die Gerichtsvollzieher/in.

An einem dieser vielen Tage klingelte eine Gerichtsvollzieherin, als nur meine Kinder zu Hause waren. Als ich von einem Kunden nach Hause kam, lag ein Zettel auf dem Tisch, den meine älteste Tochter geschrieben hatte.

Der Text lautete:

Papa muß unbedingt auf das Gericht und irgend etwas ergänzen. Die Gerichtsvollzieherin war nämlich da. Sie hat gesagt, sonst muß sie ihn von der Polizei abführen lassen und das wäre nicht so angenehm für ihn.
gez. Nina

Können sie sich vorstellen, was das für ein 14-jähriges Kind bedeutet ?.

In den folgenden Wochen und Monaten versucht die Hypo-Bank immer wieder, von mir die Abgabe der eidesstattlichen Versicherung zu erzwingen. Nur durch entsprechenden Widerspruch kann ich dieses verhindern. Spätestens ab diesem Zeitpunkt treten bei uns allen wegen der jahrelangen ständigen nervlichen Anspannung gesundheitliche Probleme auf . Ein irgendwie normal geartetes Familienleben gibt es ohnedies schon lange nicht mehr, da mich die Existenzprobleme bis in die Nacht hinein verfolgen.

1990 erstellt die Hypo-Bank ein Zeitwertgutachten in Hinblick auf die nun geplante Versteigerung:

Wohnhaus	120.000,- MARK
Betriebsgebäude	480.000,- MARK
Pfandrechtlich abgetretene Maschinen	87.500,- MARK
Maschinen im Eigentum d. GmbH	129.000,- MARK
Zeitwert 1990 gesamt	816.500,- MARK

Trotz umfangreicher Maßnahmen konnte nicht verhindert werden daß am 31. Juli 1991 alle Objektgüter versteigert wurden. Ersteigert hatte das eine Firma mit dem Namen „Plan-Trade", eine 100% Tochtergesellschaft der Hypo-Bank, zum Preis von 510.000,- MARK.

Über die Versteigerung selbst und deren Vor- und Nachbehandlung müßte eigentlich ein eigenes Buch geschrieben werden. Konkurse, Versteigerungen und Wiederverkäufe sind das blühendste Geschäft, das man sich nur vorstellen kann.

Ich will mich auf einige wenige Punkte beschränken und den weiteren absurden Vorgang erläutern :

In dem erzielten Versteigerungserlös von 510.000,- MARK waren auch die Maschinen enthalten, die der GmbH gehörten die von einem Gutachter mit 129.000,- MARK veranschlagt worden waren. Die GmbH beschwerte sich darüber, aber das Gericht wies die Beschwerden kategorisch zurück.
Dazu zitiere ich aus den Schreiben vom 2. Oktober 1991 und aus dem Beschluß vom 13. November 1991 :

Schreiben Amtsgericht München/Vollstreckungsgericht vom 2. Oktober 1991 :
1./ Die Beschwerde der Woikowski GmbH ist meines Erachtens verspätet ...
2./ Die Beschwerde des Schuldners Dietmar Woikowski ist unbegründet ...
Als Durchgriffserinnerung gegen die Rechtspflegerentscheidung vom 31. Juli 1991 (Zuschlagsbeschluß) werden die Akten dem Landgericht München I-Beschwerdekammer vorgelegt.

Schreiben Landgericht München I, 20. Zivilkammer, laut Beschluß vom 13.November 1991 :

I. Die sofortige Beschwerde des Schuldners und Beschwerdeführers zu 1./Dietmar Woikowski gegen den Zuschlagsbeschluß des Amtsgerichtes München vom 31. Juli1991 wird zurückgewiesen.

II. Der Antrag der Beschwerdeführerin Woikowski GmbH vom 05. September 1991 auf Wiedereinsetzung in den vorigen Stand wird verworfen.

III. Die sofortige Beschwerde der Beschwerdeführerin zu 2)/Woikowski GmbH wird verworfen.

IV. Die Beschwerdeführer tragen samtverbindlich die Kosten des Beschwerdeverfahrens.

Der dritte Punkt, den ich hervorheben möchte, ist aber der merkwürdigste von allen :
Der Versteigerungserlös betrug 510.000,- MARK. Erst acht Monate später wurde mir davon lediglich der Betrag von 417.213,06 MARK gutgeschrieben. Der Differenzbetrag von 92.786,94 MARK verschwindet im Labyrinth der Bank

Hier die dazugehörende Aufstellung und das Schreiben vom 3 Juli 1995

HYPO BANK

Filiale Landshut
601 Ldsht/GK.Ab.KÜ
Herr A.Roland Spahic
Altstadt 94/95
84028 Landshut
Telefon: (0871) 293275
Telefax: (0871) 293278

03. Juli 1995

Herrn
Dietmar Woikowski
Pemering 5
84416 Taufkirchen

Ihre Zeichen Schr. vom 30.05.95
Ihre fälligen Verbindlichkeiten bei unserer Filiale

Sehr geehrter Herr Woikowski,

anbei übersenden wir Ihnen

1) Forderungsaufstellung I) für Konto-Nr. 6010230711 u/T. per 30.11.94
2) Forderungsaufstellung II) für Avalkonto Nr. 6012307118 bis effektiv 07.01.94
   (Tag der letzten Bürgschaftsausbuchung)
3) Forderungsaufstellung III) wg. Gerichtskosten i.Sa. Eugen/Vera Woikowski
   per 30.09.94
4) Aufstellung über Fortführung der Forderungsaufstellungen Nr. I), II) und III)
   bis 30.06.95.

Die Verrechnung von Eingängen erfolgte nach § 367 BGB (Kosten, Zinsen, Hauptsache).
Sie schulden, zusammen mit Frau Beate Woikowski gesamtschuldnerisch haftend, den
Betrag von DM 574.461,07 zuzüglich Verzugsschaden seit 01.07.1995. In diesem Betrag
der Gutschriftseingang von DM 60.000,00 vorseiten der Stadt München bereits berücksichtigt.
Weiters werden in der Bürgschaftsausbuchung Eugen Woikowski DM 8.999,61 geschuldet.

Insgesamt stehen DM 583.398,08 zzgl. Verzugsschaden seit 01.07.1995 offen.

...och nicht berücksichtigt ist das Honorar des von uns gegen Sie beauftragten Rechtsanwalts,
Herrn Imhoff, ebenso noch anfallende Gerichts- und/oder Drittkosten sowie Drittkosten
im Zuge der unsererseitigen Freistellung des Objekts Hochstr. 1/Taufkirchen.
Gegenständliches Schreiben erhalten Sie ohne Anlagen per Fax voraus. Das Original folgt per
Normalpost inclusive Anlagen.
Eine Kopie Ihres Schreibens vom 30.05.95 (???? - bei uns eingegangen per Fax am 30.06.95, per Post
am 03.07.95) und gegenständlichen Schreibens erhält Herr Rechtsanwalt Imhof per Fax z.K.

Hochachtungsvoll

Bayerische Hypotheken- und Wechsel-Bank
Aktiengesellschaft
Filiale Landshut
i.V. Karin Bauer   i.V. Roland Spahic

Valuta	Betrag		Art	
28.09.1989	-3.764,43	DM	GER.KO	Klage Beate
02.10.1989	-25,00	DM	GER.KO	EV-Ant
02.10.1989	-25,00	DM	GER.KO	EV-Antra Z
02.10.1989	-14,30	DM	GER.KO	
02.12.1989	-1,00	DM	VGT	FA Erdin
15.12.1989	-15,00	DM	GER.KO	
22.12.1989	-19,70	DM	GER.KO	Beschwerdeeinle
09.01.1990	-33,30	DM	GER.KO	Zust. Pfä0
15.01.1990	-7,00	DM	GEBÜHR	Fremdkosten
30.01.1990	-7,00	DM	GEBÜHR	
20.06.1990	-1.461,30	DM	HS_S	Insertion Carl G
20.06.1990	-906,76	DM	HS_S	Insertion Holzm
20.06.1990	-211,47	DM	HS_S	Insertion Carl G
23.08.1990	-6,00	DM	GER.KO	Erne
05.09.1990	-4.128,40	DM	HS_S	rückstä.Prämie
10.09.1990	-12,00	DM	HS_S	
24.09.1990	-8,00	DM	HS_S	2 GBAe Hofkirchen
26.09.1990	-397,00	DM	HS_S	Kost.wg.abgel.Besi
27.09.1990	-17,00	DM	HS_S	
28.11.1990	-36,00	DM	GER.KO	Restl.Ko.
05.01.1991	-3.140,40	DM	HS_S	SV-Gutachten ZwgV
05.02.1991	-25,10	DM	GER.KO	NN GV
11.02.1991	-21,00	DM	GER.KO	Pfä AloG
20.03.1991	-2.574,00	DM	HS_S	SV-Kosten ZwgVe
25.03.1991	-30,40	DM	GER.KO	NN GV Z
13.05.1991	-1.571,40	DM	HS_S	Verf.Geb. ZwgVe
20.05.1991	-1.461,30	DM	HS_S	Inseratskosten
20.06.1991	-906,76	DM	HS_S	Inseratskosten
20.06.1991	-211,47	DM	HS_S	Inseratskosten
12.07.1991	-906,76	DM	HS_S	Inseratskosten
19.07.1991	-1.782,64	DM	HS_S	akt.
25.07.1991	-9,00	DM	HS_S	
30.07.1991	-6,00	DM	GER.KO	Nachbesserg.EV D
19.03.1992	417.213,06	DM	VGT	Plan Trade Ges.506
12.10.1992	43.000,00	DM	VGT	Vgt.von Zwa
30.11.1992	-24,80	DM	GER.KO	MobPfä Dietm
02.12.1992	-25,00	DM	GER.KO	EV-Antrag Dietm
13.07.1993	-489,70	DM	ÜBWSG	Bürgsch.Beanspr.Kr
13.07.1993	-26,25	DM	GER.KO	Verhaftg.Protokoll
16.07.1993	-25,00	DM	GER.KO	Anfordg.EV-Prot.Di
07.09.1993	943,00	DM	VGT	Landjustizk.Bamber
12.10.1993	-51,75	DM	ÜBWSG	Notarkost.w/Abtr.
30.12.1993	607,53	DM	VGT	Pfändg.Kto Spar
14.03.1994	-51,00	DM	GER.KO	MobPfändg./Pfandab
14.03.1994	-25,00	DM	GER.KO	EV-Antrag Bea
16.08.1994	-56,80	DM	GER.KO	Titel zurück.Beat
14.10.1994	-12,60	DM	GER.KO	NN Ger.Vollz. wg.

	508.040,92	DM		Gesamt-Haben
	-540.313,17	DM		Gesamt-Soll

aller Buchungen: -32.272,25 DM

Liste wurde manuell erstellt, Irrtum vorbehalten!

Seite 3

= Auszahlung / EINZ = Einzahlung / GER.KO = Gerichtskosten / HS H/S =
Lastschrift / LA EV = Lastschrift E.v./ RÜCK H/S = Rückgabe / SCH EV
= Überweisung / UMBUCH = Umbuchung / VGT = Vergütung

Nachdem die 100%ige Tochtergesellschaft der Hypo-Bank, die Firma Plan Trade, die Objekte in Permering ersteigert hatte, wurde die Zwangsräumung angesetzt. Diese zwangsweise Räumung bezog sich zuerst auf meine Familie mit den Kindern (Permering 3).

Hier beginnt der Zeitabschnitt, wo meine Familie und ich ständig mit dem Lieferwagen vor der Türe leben mußten. Wir haben unsere persönlichen Sachen gepackt und im Lieferwagen verstaut, denn wir rechneten täglich damit, daß die Hypo-Bank uns unsere Wohnung nimmt. Die Lage spitzt sich dramatisch zu, als der Bürgermeister von Taufkirchen für uns das Wort erhebt und die Hypo-Bank darauf hinweist, daß wir obdachlos werden würden und daß die Gemeinde Taufkirchen keine Räumlichkeiten zur Verfügung stellen könne. Was Obdachlosigkeit insbesondere für die beiden minderjährigen Kinder bedeuten würde, könne sich doch wohl jeder vorstellen.

An dieser Stelle möchte ich betonen, daß sowohl meine Mitarbeiter/innen, als auch die Nachbarn, Freunde, Bekannte, Verwandte, ja, selbst die vielen Stammkunden immer zu uns gehalten haben. In all den Jahren bekamen weder wir, noch unsere Kinder jemals ein böses oder gehässiges Wort zu hören. Im Gegenteil. Man half mit guten Worten und vielen Gesten, mit gutgemeinten Kleinigkeiten, die uns oft genug über die trüben Tage brachten. In einer solchen Zeit trennt sich Spreu vom Weizen : Hier erkennt man, wer die wirklichen Freunde sind.

Meine Familie mit den Kindern mußten aufgrund der Räumungsklage mit Endurteil des Amtsgerichtes Erding vom 11. März 1994 unser Haus schließlich doch verlassen und zogen, sozusagen gejagt von der Hypo-Bank, in den kommenden zwei Jahren viele Male um.

Die Firma Woikowski GmbH zahlte regelmäßig und pünktlich seit 1988, durch einen Mietvertrag vereinbart, jährlich eine Miete von 20.000,- MARK an die Firma Plan Trade.

Trotzdem ließ die Hypo-Bank meine gesamte Familie und mich aus dem Privathaus zwangsräumen und das Haus stand somit nutzlos leer.
Bis zu diesem Zeitpunkt hatte die Hypo-Bank bereits satte Gewinne gemacht:

Für 690.000,- MARK öffentlich geförderte Kredite durch die Landesanstalt für Aufbaufinanzierung (LfA) und aus dem Existenzgründungsprogramm der Lastenausgleichsbank (ERP), wo sie ja nur als Treuhänder tätig war und bereits Provisionen kassierte, hatte sie bis dato durch Zwangsversteigerungen, Auflösen von Lebensversicherungen, Pfändungen, Mieteinnahmen, Versicherungsentschädigungen, Provisionen, Zinsen, Gebühren usw. an die 400.000,- MARK erzwungen und forderte noch immer eine unbekannte Summe von mir. Für diese 690.000,- MARK hatte die Hypo-

Bank übrigens Sicherheiten, Bürgschaften und Abtretungen in Höhe von 1,5 Millionen MARK, die sie jetzt bei erfolgreicher Verwertung zusätzlich hätte ummünzen können.

Bei den folgenden Auseinandersetzungen, auch in den Medien, ging es seitens der Hypo-Bank immer darum, mich als einen nicht erfolgreichen Geschäftsmann hinzustellen. So beschuldigte man mich u.a., ich hätte zuviel Geld aus dem Betrieb privat entnommen. Da ich minutiös Buch über jede Ausgabe geführt hatte, entkräftete ich diese Beschuldigung sofort.

Die Woikowski GmbH hatte seit ihrer Gründung im Jahre 1988 die Dresdner Bank in Erding, als zukünftige Hausbank gefunden. Die Zusammenarbeit klappte hervorragend und die Problematik, die die Woikowski GmbH mit der Hypo-Bank hatte, war ihr bekannt.

Im Oktober 1992 erfuhren wir von der Hausbank, daß Herr Spahic von der Hypo-Bank angerufen habe. Er habe mitgeteilt, daß die Firma Woikowski die Hypo-Bank betrogen hätte und habe sich weiter sehr herabsetzend über unsere Firma geäußert. Der Rufmord begann. Wir stellten zunehmend fest, daß sich die gute Geschäftsbeziehung abkühlte.

U.a. bekamen wir kurzzeitig Schwierigkeiten mit einigen anderen Bankinstituten, die von RA Imhoff (Hypo-Bank) aufgesucht und mit Unwahrheiten die Firma Woikowski betreffend versorgt worden waren. In diesem Zeitraum schaltete sich nämlich ein gewisser Rechtsanwalt H.P. Imhoff ein, der die Interessen der Hypo-Bank gegen die Firma Woikowski GmbH, gegen meine Familie Dietmar Woikowski und gegen meinen Vater Eugen Woikowski vertreten sollte.

Selbst bei der Gemeindeverwaltung von Taufkirchen wurde Unzutreffendes über uns erzählt. Die Gemeindevertreter sollten später als Zeugen auftreten. Hier fragt man sich ob dabei nicht eindeutig gegen den Datenschutz verstoßen wird ?.

Unter anderem schrieb Herr Rechtsanwalt Imhoff, im Schreiben vom 17. August 1994, an das Landgericht Landshut -7.- Zivilkammer, folgende Sätze:

Was die behördlichen An.- Ab- und Ummeldungen des Dietmar Woikowski anbetrifft, so kommt diesen eine noch viel größere Vernebelungsbedeutung zu als angenommen.

Im Jahre 1956 hat sich Dietmar Woikowski von Landau/Pfalz aus in die Hochstraße 1, Taufkirchen bei seinem Vater Eugen Woikowski umgemeldet............

Ja sie haben richtig gelesen. Bereits im Säuglingsalter von

einem Jahre habe ich bereits strafrechtliche An - und Ummeldungen vorgenommen.

Im Januar 1994 bot uns der Herr Rechtsanwalt Imhoff einen Lösungsvorschlag an -

Derzeitige Kreditforderung der Hypo beträgt:

Kreditforderung bis Nov. 1993	550.000,- MARK
Kaufpreis Permering	700.000,- MARK
Zuzüglich aus dem EKH-Programm	ca. 300.000,- MARK
Summe ges.	1.550.000,- MARK

Nun das Vergleichsangebot der Hypo-Bank

Kaufpreis Permering	700.000,- MARK
Bürgschaftsentlastung (Eugen Woikowski)	250.000,- MARK
Zuzüglich aus dem EKH-Programm	ca. 300.000,- MARK
Summe ges.	1.250.000,- MARK

Wohlgemerkt; die bereits erzwungenen 400.000,- MARK, sind bereits bezahlt und durch die Hypo-Bank vereinnahmt worden und stehen nicht mehr zur Debatte. Aber auch die Kosten dieses Rechtsanwaltes Imhoff müssen in unbekannter Höhe noch verrechnet werden.

Die GmbH und unser Rechtsanwalt Herr Schemmerer bemühte sich intensiv um einen außergerichtlichen Gesprächstermin, aber alle Bitten um ein Gespräch wurden entweder gar nicht erst beantwortet, oder kategorisch abgelehnt. Die Ablehnungsbegründung lautete immer wieder „Untergrenzen müssen eingehalten werden!"

Am 12. September 1994 ergeht ein Endurteil vom Landgericht Landshut, im Namen des Volkes, nun gegen die Woikowski GmbH, ohne daß jemals der Geschäftsführer der Woikowski GmbH oder sogar Zeugen vernommen worden waren. Wir waren zu keinem Zeitpunkt auch nur gehört worden: Die Richter kennen uns ebensowenig wie wir sie.
Das Urteil lautete nun auf Räumung und Herausgabe der beiden Anwesen von Permering 3 und 5 an die Klägerin (Hypo-Bank), wenn die GmbH nicht sofort 594.000,- MARK als Sicherheit einbringen würde. Dieser Betrag konnte in keiner Weise aufgebracht werden.
Unter wahnsinnigen Anstrengungen versuchte man mit allen Mitteln, eine Einigung mit der Hypo-Bank hinsichtlich der benötigten Räumlichkeiten zu erzielen. In unserer Verzweiflung wandten wir uns in persönlichen Briefen u.a. auch an die Vorstandsmitglieder der Hypo-Bank Dr. Klaus Götte, Dr. Eberhard Martini und Dr. Klaus Geiger. Die Schreiben blieben ohne Reaktion und unbeantwortet.
Deshalb wandte ich mich auch am 9. Oktober 1994 an das Bundesaufsichtsamt für das Kreditwesen (BafdK) in Berlin. Ich hegte damit die große Hoffnung, daß diese Behörde als oberste

Aufsichtsinstanz der Bank, mit ihrer Kompetenz, unter anderem auch Licht in den Dschungel meiner/unserer schwierigen Situation bringen könnte.

Es beginnt nun eine zweijährige Korresspondenz mit zwölf Eingaben, die vom Präsidenten der Beschwerdestelle des Bundesaufsichtsamtes für das Kreditwesen Herrn W.Antopoens mit zwei Sätzen abrupt beendet wurde: „Ein bankaufsichtlich relevantes Fehlverhalten der Bank kann ich insoweit nicht erkennen. (22. Mai 1996)......Ich möchte Sie bitten, künftig von weiteren Eingaben abzusehen. (30.Dezember 1996)".

Einen traurigen Höhepunkt erreichte die Auseinandersetzung in der Kanzlei Imhoff (Hypo-Bank), als meine Frau Beate, mein Bruder Reiner Woikowski, Geschäftsführer der GmbH, unser Rechtsanwalt und ich selbst über den Kauf der Schreinerei verhandelten. Herr Imhoff sagte uns, daß wir uns gar nicht vorstellen könnten, wie mächtig die Hypo-Bank sei. Diese Bank sei so mächtig. Die kann machen, was sie will. Er würde von dieser Macht gewaltig profitieren, u.a. hätte er gerade von der Hypo-Bank über eine Konkursmasse einen eigentlich 70.000,- MARK teuren Mercedes für lächerliche 16.000,- MARK erhalten. Das sei ein „Billiggeschenk" der Hypo-Bank an ihn für seine Dienste. Der Anwalt verspottete uns regelrecht, aber es kam noch schlimmer. Er brüstete sich damit, vor kurzem ein altes Ehepaar um Hab und Gut gebracht zu haben und sie zum Sozialfall gemacht zu haben. Man muß „drüberstehen", meinte er.

Im November gelingt es dem Rufschädiger von der Hypo-Bank doch, uns auch bei unserer Hausbank der Dresdner Bank, in Mißkredit zu bringen. Wieder hat sich der Anwalt eingemischt, der uns gesagt hatte, die Hypo-Bank sei so mächtig, sie könne alles machen. Nachdem das Interesse unserer Hausbank für den Einstieg beziehungsweise Anteilsabkauf der Schreinerei samt Wohnhaus geweckt wurde, denn durch die Zwangsversteigerung war ja nun die Hypo-Bank Eigentümerin geworden, baute Imhoff einen Kontakt zu unserem Sachbearbeiter der Dresdner Bank, Herr Denk, auf.

Herr Imhoff teilte nun unserem Sachbearbeiter mit, daß die Zwangsräumung der Firma Woikowski für den 15. Dezember 1994 anberaumt ist. Daraufhin war nun die Dresdner Bank, nach ihrer Ansicht, gezwungen die getroffenen Kreditvereinbarungen gemäß der allg. Geschäftsbedingungen bzw. aufgrund der besonderen vereinbarten Darlehensbedingungen mit sofortiger Wirkung zu kündigen.

Weiter heißt es:

Wir sind jedoch bereit, weiterhin einen Betriebsmittelkredit zur Verfügung zu stellen, der sich jedoch im derzeitigem Rahmen zu bewegen hat........

Die Hypo-Bank verlangte nun als Kaufpreis für die Firma einschließlich der Maschinen und Gerätschaften 667.000,- MARK, plus 50.000,- MARK Rechtsanwaltskosten (insgesamt 717.000,- MARK), und setzte dennoch den Räumungstermin fest.

Anfang Dezember 1994 ging die GmbH u.a. auch um die 12 Arbeitsplätze zu retten und um die Firma zu erhalten, eine riskante Verhandlungsphase mit der Hypo-Bank ein. Obwohl keine Bank da war die unser Vorhaben in jeglicher finanzieller Hinsicht unterstützte, wurde dennoch folgende Vereinbarung mit der Hypo-Bank geschlossen:

1./ Kaufpreis einschl. pauschaler Kostenersatz für den RA Imhoff 717.000,- MARK.

2./ Bis spätestens 8. Dezember 1994 werden zu Gunsten der Hypo-Bank 300.000,- MARK gutgebracht. Sie sind zu 50.000,- MARK auf den Kostenersatz und 250.000,- MARK auf den Kaufpreis anzurechnen.
Der Restkauf und die MWST. sind bis spätestens 30. Juni 1995 zur Zahlung fällig. Sollte bis dahin nicht vollständiger Zahlungsausgleich erfolgt sein, verfallen die 300.000,- MARK als pauschalierter Ersatz für Nutzungsentschädigung und Nichterfüllungsschaden.

3./ Die Werklohnforderung der Woikowski GmbH gegen den Landkreis Erding aus dem Auftrag Kreismusikschule Erding über 376.681,- MARK wird zur Sicherheit an die Hypo-Bank abgetreten.

Eine weitere Bedingung seitens der Hypo-Bank war, daß ich unverzüglich meinen Antrag zur Überprüfung der Kreditangelegenheiten beim Bundesaufsichtsamt für Kreditwesen zurückziehe. Außerdem müßten wir alle im Kaufvertrag geforderten Sicherheiten und Forderungen ohne Einschränkung akzeptieren.
Unsere Zwangslage wurde analysiert und brutal ausgenutzt. Wir akzeptierten. Ich zog meine Beschwerde zurück.

Mit Hilfe dieser Vereinbarung wurde nun die Zwangsräumung ausgesetzt. Die vereinbarte Zahlung von 300.000,- MARK konnte aus der Substanz der Woikowski GmbH umgehend erfolgen. Was jedoch fehlte; war ein Finanzdienstleister der für den Rest der Summe mit 417.000,- MARK aufkam; denn für die Werklohnforderungsabtretung der Kreismusikschule Erding hatte ja die GmbH auch Kosten zu tragen wie Löhne, Material, Nebenkosten usw. Die Dresdner Bank war nicht mehr bereit; die Woikowski GmbH finanziell, für das neue Vorhaben, zu unterstützen.

Wie durch Zufall hatte eine neue Filiale der Commerzbank in Erding am 2. Januar 1995 aufgemacht. Nach kurzen und intensiven Verhandlungen konnte der neue Bankdirektor für unsere Arbeiten und Vorhaben überzeugt und begeistert werden. Mit einem Hypothekendarlehen von 330.000,- MARK und einem Gewerbekredit von 150.000,- MARK war nun das Überleben der Woikowski GmbH gesichert.

Durch weiteres Anfallen von Zinsen und Gebühren konnte jedoch der komplette Erwerb des gesamten Anwesens einschließlich aller Maschinen, in einer Gesamtsumme von 741.310,95 MARK, am 25. April 1995 abgeschlossen werden.

Die GmbH war jetzt zwar unabhängig und konnte sich normal entwickeln. Aber ich selbst hatte nach Aussage der Hypo-Bank immer noch an die 600.000,- MARK Schulden und mein Vater war zusätzlich durch die Bürgschaft mit einer Zwangshypothek belastet, die inzwischen auf 300.000,- MARK angelaufen war.

Durch die Unterstützung sowohl der Mitarbeiter/innen, als auch der Stammkunden hat die GmbH sich inzwischen erfreulich entwickelt . Dazu heißt es in dem in der Zeitschrift „Microsoft Vorsprung" erschienenen Artikel :

„ Mit Hilfe seines Vaters wagte der von seiner Idee nach wie vor überzeugte Jungunternehmer Woikowski einen zweiten Start mit einem veränderten Geschäftsmodell und einem anderen Finanzdienstleister. Die neue GmbH fertigt hochwertige Möbel primär für den bayrischen Markt, wofür der bewilligte Kreditrahmen von 500.000,- MARK ausreichend ist. 1994 kaufte das Unternehmen von der alten Bank, gegen die Woikowski bis heute mit IFF-Unterstützung klagt, das Gebäude ab.

Dietmar Woikowski, Geschäftsführer der Neugründung, blickt heute auf einen florierenden Schreinereibetrieb mit modernsten computergesteuerten Maschinen. Die 15 Mitarbeiter haben im vergangenen Jahr mehr als 4 Millionen Mark Umsatz erwirtschaftet.

8.

Vom Unternehmer zum Gabelstaplerfahrer.
Gespräch mit einem guten Freund.

Einmal hatte ich also alles verloren und hatte dennoch mit der Selbständigkeit weitergemacht. Einem Freund war es ähnlich ergangen. Er hatte einen Gartenbaubetrieb ganz in der Nähe von mir geführt und auch ständige Probleme mit der Bank gehabt. Eines Tages war trotz heftigster Anstrengungen der Konkurs unabwendbar, da wie auch bei mir, ein Gespräch bei der Bank abgelehnt wurde.
Als ich mit der GmbH weitermachte, traf ich diesen Freund, der nun vom Unternehmer zum Angestellten geworden war, und mir seine neue Situation schilderte :

Er kam mit den folgenden Worten auf mich zu :
„ Mei Didi, i kenn dei Problem und bin froh, nix mehr damit zu tun zu haben. Mit dera Sach bin i einfach fertig. Da war nix mehr zum macha."
Er sagte, es hätte da nichts mehr zu lösen gegeben, da gab es nur noch den Schlußstrich, obwohl ihm das auch nicht leicht gefallen sei. Aber irgendwann wollte er da nur noch heraus, und auch für seine Familie eine Klärung schaffen.

Ich wußte, daß es sich bei diesen Sätzen um eine ehrliche Aussage handelte. Rudi, mein guter Bekannter, hatte vor zwei Jahren aufgehört. Er verkaufte alle seine Maschinen, auf die er sehr stolz gewesen war. Auch die Wohnung, die er geerbt hatte, verkaufte er auf einen Schlag. Damit war er schuldenfrei und konnte alle Verbindlichkeiten gegenüber der Bank tilgen. Aber er besaß auch nichts mehr. Er hatte alles verloren. Rudi erzählte mir bei unserem Treffen den Hergang :

„ Als i mi 1992 selbständig machte, zwei Helfer einstellte, die vorher arbeitslos gewesen waren, bekam ich von der Bank einen zinsgünstigen Kredit in Höhe von 100.000,- MARK. Dieser Kredit war durch meine Wohnung abgesichert. Die Welt schien in Ordnung, die Zukunft lag in meinen Händen und alle gratulierten mir recht herzlich zu meinem Entschluß, selbständig zu arbeiten, einen Betrieb aufzumachen. Wenn ich so zurückblicke, dann habe ich fünf Jahre lang fast Tag und Nacht geschuftet. An den Wochenenden mußte ich die Buchhaltung machen, Rechnungen schreiben, Angebote erstellen, Briefe erledigen und all das, was man so kaufmännisch nennt. Ich nahm 5.000,- MARK monatlich aus der Kasse und versorgte damit meine Familie mit den zwei Kindern. Natürlich kam dann noch die Sozialversicherung und die Krankenkasse dazu, um beides mußte ich mich selbst kümmern. Wenn ich krank war – selber schuld – kam kein Geld, und ich holte mir aus der Kasse dann auch weniger. Bis auf einige Tage war Urlaub ganz gestrichen. Meine Familie kannte mich nur noch auf dem Foto, das im Wohnzimmer hing. Ich arbeitete sehr hart, wollte für meine Familie und mich etwas aufbauen. Ich arbeitete für Ämter und Behörden. Alle Staatsdiener waren sehr zufrieden mit meinen Preisen und Leistungen. Aber ich merkte, daß ich mehr und mehr auch an meine körperlichen Grenzen ging, daß ich mehr und mehr Raubbau an meiner Gesundheit trieb."

1997 konnte Rudi nicht mehr. Er war einige Male erkrankt und die Bank sah weniger Umsätze auf dem Konto. So setzte man ihm letztmalig einen Termin zur Abtragung seiner Schulden. Rudi hatte sozusagen Glück im Unglück : Ein Maschinenhändler kaufte ihm alle Maschinen auf einen Schlag günstig ab. Die schöne Wohnung verkaufte sich schnell. Damit waren dann auch alle seine Schulden bei der Bank bezahlt. Da er als Selbständiger kein Arbeitslosengeld bekam, brauchte er schnell einen neuen Job – und fand auch sogleich eine neue Beschäftigung. Rudi wurde Gabelstaplerfahrer auf dem neuen Münchner Messegelände mit einem Nettogehalt von 2.900,-MARK. Er wollte diesen Beruf nur vorübergehend ausüben.

„ Woast als i mei erste Abrechnung sah, häts mi benah umkaut. Da stand tatsächlich Netto Monatslohn 2.900,- MARK zuzüglich Sozialzuschlag, zuzüglich Witterungszuschlag, zuzüglich Sonderzuschlag, zuzüglich Schichtzuschlag, zuzüglich Zuschlag pauschal, zuzüglich Erschwerniszuschlag, zuzüglich tarifliche Einmalzahlung, zuzüglich VWL-AG-Anteile, zuzüglich SV-Pfl. Anteile, zuzüglich Fahrtkostenzuschuß. Und damit noch lange nicht genug, mei Didi. Stell

Dir vor, ich werde spitzenmäßig beraten. Mir wurde empfohlen, weitere Aufschläge zu beantragen. Das habe ich getan und bekam sie auch sofort. Weiter wurde also gezahlt : Ein 13. Monatsgehalt zu 100 %, ein jährliches Urlaubsgeld, ein Erziehungsgeld, ein Bundeserziehungsgeld, ein Erziehungsurlaub für mein drittes Kind bei vollem Lohnausgleich, noch mehr Kindergeld, ein Mietzuschuß. Stell Dir vor, Didi, sogar die Arbeitskleidung wird mir bezahlt und die Reinigungskosten der Arbeitskleidung werden auch übernommen. Günstiges Essen in der Kantine ist selbstverständlich. Meine wöchentliche Arbeitszeit beträgt 38,5 Stunden und meinen Gesamturlaub für dieses Jahr habe ich auch schon genommen. Was wui i mehr ?"

In der Tat, was wollte man mehr ?
Rudi ging es gut. Er erholte sich, hatte endlich auch einmal wieder ein Familienleben. Ich wurde sehr nachdenklich und viele Fragen gingen mir im Kopf herum :

9.

Herr Eibl
- und seine Fälle

Hans Peter Eibl Jahrgang 1944, ist ein immer gut gelaunter Kaufmann, der, sobald er das Wort „Bank oder Banken" hört, voll in seinem Element ist. Sein Gesicht strahlt dann noch mehr Freundlichkeit aus, und er gibt seinem Gegenüber das Gefühl, da ist jemand, der weiß, worum es geht.

In der Tat hat Herr H.P. Eibl seine eigenen Erfahrungen mit seiner damaligen Hausbank gemacht. 1982 mußte er sich beruflich neu orientieren und eröffnete eine Sauna mit Restaurantbetrieb. Als 1987 sein Sohn als eben ausgelernter Masseur und med. Bademeister eine zusätzliche Massagepraxis eröffnen wollte, bekam er ungeahnte Probleme mit seiner Bank. Die Ehefrau des Zweigstellenleiters seiner Hausbank verpachtete zur gleichen Zeit eine Massagepraxis; die jedoch nur 200 Meter von seinem Betrieb entfernt war. Die Hausbank kündigte alle Kredite, da man den Zukunftsprognosen, basierend auf Umsatz- und Gewinnerwartung „nicht mehr vertrauen mochte" und trieb es zur Zwangsversteigerung.
Aus dieser Erfahrung heraus erkannte Herr Eibl, daß hier etwas nicht stimmen kann, daß man keine Hilfe bekommt und vor allen Dingen, daß

man gegenüber Banken machtlos ist. Aber auch die Art und Weise, wie Banken mit ihren Kunden umgehen, wenn es ums Geld geht, und hier geht es ja ausschließlich um viel Geld, alles daran setzen, ihre Gewinne zu steigern. Von nun an versuchte er, zu untersuchen und zu analysieren, wo Banken Fehler machen und sah überraschend und dennoch so einfach, wo Banken auf dem Rücken der Unternehmer und Verbraucher, sichtbar für jeden, enorm verdienen, ohne eine Leistung dafür zu geben.

Vor kurzem hat Herr Eibl erreichen können, Zitat von Prof. Dr. Eckhart Pick, Mitglied des deutschen Bundestages und parlamentarischer Staatssekretär bei der Bundesministerin der Justiz, „daß die Bundesregierung die Absicht habe, dem Deutschen Bundestag im Verlauf des Gesetzgebungsverfahrens zum Überweisungsgesetz vorzuschlagen, nicht nur die Gutschriftfrist, sondern gleichzeitig auch die Verpflichtung zur tagggleichen Wertstellung in dem Gesetz zu regeln".

Ich möchte Ihnen nun, mit den Worten von Hans Peter Eibl, seine Arbeit als Schuldnerberater erklären und wie er möglicherweise auch Ihnen helfen könnte.

-....Keine Diakonie, keine Caritas, keine Arbeiterwohlfahrt, keine Verbraucherzentrale, keine Kommune und auch keine Schuldnerberatung von Landkreisen ist Willens oder in der Lage, Selbständigen zu helfen oder helfen zu wollen. Natürlich von sehr wenigen Ausnahmen abgesehen.

Sogenannte Helfer und Hilfsvereine gibt es genug. Die wenigsten davon sind ehrlich, die meisten konzeptionslos, manche sogar mit krimineller Energie ausgestattet, so der Autor des am 10.03.1998 in Plusminus gesendeten Beitrages, auf den der NDR am 17.08.1998 mit einem nicht gerade freundlichen Kommentar noch eins drauflegte.

In die Ursachenforschung, weshalb eine Haus- oder Gewerbefinanzierung kaputt gegangen ist, versuchte sich bislang niemand zu wagen. Einer der gescheiterte Finanzierungen nachrechnet, um festzustellen, was war denn die Ursache des Scheiterns, muß schon verrückt sein. In kaputten Existenzen investiert man doch nicht, wurde und wird mir immer wieder gesagt. Und genau da liegt der Denkfehler.

Aus der tiefen Überzeugung heraus, daß mit meiner Finanzierung durch die Bank etwas nicht in Ordnung gewesen sein kann, kam ich zu der Ansicht, es muß eine Vergleichsfinanzierung dargestellt werden, welche beweist, daß die Bank nicht korrekt finanziert hatte. Als weitere Überzeugung, daß bei Banken und Sparkassen etwas nicht in Ordnung sein kann, kam hinzu, daß ich plötzlich integere Menschen kennenlernte, welche alle vor dem selben Problem standen, ein Leben lang gearbeitet und plötzlich vor dem Nichts zu stehen.

Als Kaufmann weiß ich, daß ein Kreditinstitut jahrelang zusieht, wenn die Geschäfte eines Kunden schlecht laufen. Sie bekommen es anhand ihres Informationsvorsprunges und Datenabgleich am schnellsten mit, wenn in einem Unternehmen etwas, - in diesem Falle der Gewinn, - nicht mehr stimmt.

Heute weiß ich, daß Banken und Sparkassen ein Unternehmen regelrecht plündern, diese Taktik jahrelang betreiben und es hervorragend verstehen, ihre Opfer so zu manipulieren, daß diese Taktik nicht oder zu spät entdeckt wird. Leider steckt in den meisten Menschen immer noch der Glaube, ein Banker tut so etwas nicht. Dabei sollte sich jeder Kreditnehmer bewußt sein, daß manche Banker oftmals schlimmer sind, als der mieseste Gebrauchtwagenverkäufer, welcher das Blaue vom Himmel lügt, nur um seine Gurke vom Hof zu kriegen. Hauptsache der Käufer schafft es über die nächste Kreuzung, bevor die Karre verreckt.

Gesellschaftspolitisch stellen sich Banken und Sparkassen als die Opfer hin, welche von den bösen Kreditnehmern, welche weder Willens oder in der Lage waren, den lieben Banken ihr
Geld zurück zu bezahlen, getäuscht wurden.

In Veröffentlichungen des Bundesgerichtshofes las ich eines Tages, **„Zinsen nach Tabelle Gillardon / Sievi /Gillardon"** und machte mich auf die Suche nach Gillardon. Bis ich in Bretten bei Karlsruhe fündig wurde und Gillardon, einen seit 1923 bestehenden Verlag, - Lieferant vieler Banken und Sparkassen – und einem mir mit fast väterlicher Art Auskunft gebenden Herrn Gillardon kennenlernte, der mir seine Tabellen, einen Taschenrechner und die Möglichkeit, Zinsermittlung mittels eines PC-Programmes erklärte.

Zu dieser Zeit hatte ich absolut keine Ahnung und Angst vor Computern. Dieter Scharf, ein Gast unserer Sauna und Computerhändler nahm mir diese, indem er mir sehr einfühlsam erklärte, ein Computer ist immer so dumm, wie der, der davorsitzt, weshalb ich mich für den Kauf eines schwarz – weiß Laptop mit 20 MB entschied, mit diesem wieder nach Bretten zu Gillardon fuhr und mich Herr Gillardon in der Handhabung des Treppenrechners schulte.

Ein, wie ich zwischenzeitlich weiß, sehr universales Werkzeug zur Berechnung von Darlehen und Girokonten. Treppenrechner heißt es deshalb, weil eine Finanzierung in Stufen abläuft. Jede Zahlung verringert die Schuld um eine Stufe (Treppe).

Nun ging ich, getreu dem Motto, „eine helfende Hand findest du immer am Ende deines eigenen Armes" an die Arbeit und entwickelte eine Tabelle, welche das Argument ausschloß, ...„die haben über ihre Verhältnisse gelebt, weshalb natürlich die Finanzierung gescheitert ist."

Ich stellte Einnahmen und Ausgaben getrennt von den an das Kreditinstitut zu zahlenden
Finanzierungskosten dar und war über das Ergebnis erstaunt. Es waren nicht zu hohe Ausgaben sondern falsch berechnete Finanzierungskosten, die das Kreditinstitut dem Girokonto belastete. Nur, wie kam ich damit weiter und zu einem konkreten Ergebnis ?
Wie ich aus einem Gespräch mit einem Bundesbankdirektor erfuhr, ist das zentrale Konto das Girokonto, auch wenn es eine Vielzahl von anderen Konten gibt und diese sind oftmals nicht wenig.
Dies war nicht sofort, aber immerhin die Initialzündung, neben den Bankverlauf ein Parallel- bzw. Vergleichskonto zu stellen. Und dabei machte ich eine noch viel schlimmere Entdeckung. Banken und Sparkassen rechnen nicht nur Finanzierungskosten falsch ab, sie schreiben eingehende Beträge bis zu mehreren Tagen verspätet und belasten ausgehende Beträge verfrüht, oft vor der Auftragserteilung und damit zinsnachteilig dem Girokonto. Dabei sind bedeutende Mengen von Schecks, welche Samstag, Sonn- und an Feiertagen den Konten belastet werden. Da dies jedoch keine Bankarbeitstage sind, konnten diese nie und nimmer an diesen Tagen ausbezahlt worden sein.

Erste Ergebnisse präsentierte ich Herrn Prof. Dr. jur. Karl-Joachim Schmelz aus Frankfurt, der als Fachmann nicht erstaunt war und mich motivierte, die Entwicklung weiter zu treiben und möglichst mit grafischen Darstellungen zu unterlegen. Nach einiger Zeit hatte ich ca. 10

verschiedene Institute nachgerechnet und Schadensummen in Höhe von mehreren hunderttausend MARK ermittelt. Bis auf einen Fall, war das Kreditinstitut der Faktor, welcher das Scheitern des Unternehmens zu verantworten hatte.

Nun fragte ich mich, wie kann ich die relativ zeitaufwendige Arbeit, Eingabe der Daten in das von mir entwickelte Exel-Sheet, dann die Zinsermittlung nochmals durch Eingabe in den Treppenrechner, dann der Übertrag in das Exel-Sheet vereinfachen, sowie Übertragungsfehler vermeiden ?.

Das Ergebnis ist das heutige Programm **EIBL**, was ausgeschrieben;

Elektronische **I**nsolvenz -, **B**eratungs- und **L**iquiditätshilfe bedeutet.

Wieder fand ich im Hause Gillardon einen verständnisvollen Gesprächspartner, welcher mir die Möglichkeit gab, ein extra für mich entwickeltes Zinsberechnungsmodul in mein Programm zu integrieren. Jetzt kann jeder nach dem Motto Hilfe zur Selbsthilfe das Programm nutzen und auf dubiose Helfer und Hilfsvereine verzichten. Das Programm ist so gehalten, daß auch relativ Materienfremde, ggf. nach kurzer Einweisung, damit umgehen können - eben anwenderfreundlich -

Bei der anwenderfreundlichen Bedienung standen mir dankenswerterweise Gründungsmitglieder des Bundesverbandes der Bankkunden mit Rat und Tat zur Seite.
Aber auch Prof. Dr. Heinrich Bockholt, Kreditrechtsprofessor in Koblenz, gab mir Anregungen zur Staffelung der Habenzinsen. Bei den Sparkassen werden derzeit Überlegungen angestellt „das klassische Sparbuch" abzuschaffen und stattdessen dem Giro-Konto, je nach Guthaben, unterschiedliche hohe Zinsen gut zu Schreiben. Die Sparkassen im Bereich von Prof. Bockholt praktiziert dies bereits.

Das Programm gibt es in 3 verschiedenen Varianten –

1. Variante:
Eibl ist die Version ohne das Zinsberechnungsmodul. Gedacht für den, der selbst buchen, jedoch nicht auswerten will oder kann und die Daten Herrn Eibl, zur Zinsauswertung, überläßt.

2. Variante:
Eibl TRRP hat das Zinsberechnungsmodul integriert. Damit können bis zu 999 Buchungen pro Abrechnungszeitraum = Monat oder Quartal und beliebig viele Jahre bearbeitet werden.

3. Variante:

Eibl big TRRP hat ein Zinsberechnungsmodul mit bis zu 1.999 Buchungen pro Abrechnungs-Zeitraum = Monat oder Quartal integriert, mit dem ebenfalls beliebig viele Jahre bearbeitet werden können.

Die Bedienung ist in allen 3 Versionen, bis auf die Zinsberechnungsmöglichkeit, gleich.

Bei der Kontokorrentrechnung kann von einer Verjährungsfrist 30 Jahre ausgegangen werden. Darauf und auf höchstrichterliche Rechtsprechung basiert das Programm mit seinen Darstellungen. Es gibt dem Juristen eine erheblich bessere und beweisbare Übersicht der Kontenführung.

Herr Eibl hat im Laufe seiner erfolgreichen Tätigkeit als Berater für gescheiterte Existenzen eine Vielzahl von Berechnungen und Analysen durchgeführt, teilweise mit den absurdesten Ergebnissen. Hier möchte er Ihnen einige Beispiele beschreiben.

Ein spektakulärer Fall:

Eine nicht mehr existente Volksbank plündert einen kleinen Familienbetrieb im Laufe von 25 Jahren bis zum Zwangsversteigerungstermin um ca. 1,65 Millionen MARK. Bei den 42.000 Buchungen waren 80 % nicht korrekt ausgeführt worden.
In diesem Schaden sind 84.500,- MARK normale Kontogebühren nicht einmal enthalten.

Ca. 6 Jahre vor der Versteigerung fingen unerklärliche Repressalien durch die Hausbank an, worauf sich der Familienbetrieb eine zweite Bankverbindung suchte und fand. Aber dieser Betrieb kam vom Regen in den Wasserfall. Nach 6 Jahren hat die neue Bank ebenfalls bis zum Zwangsversteigerungstermin einen weiteren Schaden von über 125.000,- MARK angerichtet. Auch da sind die „normalen" 57.000,- MARK Kontogebühren nicht einmal enthalten.

Eine Woche nach der Zwangsversteigerung des Wohnhauses, das ein Erlös von 780.000,- MARK erbrachte obwohl ein Gutachterwert von 1,3 Millionen vorlag, verzichteten beide Banken auf die Fortführung ihres Begehrens.

Die Unerfahrenheit eines Kreditnehmers.

1977 kaufte eine Familie in Bayern einen Bauernhof mit ca. 50 ha. Grund. Der Kaufpreis 600.000,- MARK wurde **bar** bezahlt. Den Um- und Neubau des Wohnhauses 214.000,- MARK finanzierte die Sparkasse mit einer Laufzeit von 10 Jahren, was für solche Investitionen selbstverständlich viel zu kurz ist.

1980 stellte die Bayerische Landessiedlung einen Finanzierungsplan über den Bau eines Stallgebäudes zur Schweinezucht von über 360.000,- MARK auf. Dieser wird mit 198.000,- MARK und zu 10% Zins durch ebenfalls diese Bank finanziert.

10% Zins sind für landwirtschaftliche Nutzungen sind zu dem mehr als Übertrieben.

125.000,- MARK sollen durch Grundstücksverkauf erlöst und 37.000,- MARK durch Eigenleistung erbracht werden.

Da Landwirte pragmatisch und zupackend veranlagte Menschen sind, war die Eigenleistung kein Problem und es wurde mit dem Bau begonnen.

1980 sind die zur Finanzierung notwendigen Grundstücke verkauft worden. Und was macht die besagte Bank ? Sie bestellt den Landwirt in ihre Geschäftsräume, läßt ihn für die nun eingegangenen Erlöse, Überweisungen unterschreiben und schwupp die wupp war das notwendige Eigenkapital zur Stallfinanzierung, das als Darlehenstilgung der 3 Jahre zuvor gewährten Wohnhausfinanzierung, verschwunden. Und damit war kein Geld mehr für den Stallbau vorhanden. Die Bank wußte Rat. Sie verkaufte, diesmal zu teureren Konditionen weitere Darlehen, aber nicht ausreichend hoch, so daß das Girokonto in immer unanständigere Höhen abtriftete und der Bank Gelegenheit bot, die Zwangsversteigerung zu beantragen.

Ein halbes Jahr vor Zwangsversteigerung macht die Bank gegenüber den Kreditnehmern eine Schuld von ca. 750.000,- MARK geltend. 2 Monate vor Zwangsversteigerung meldet die Bank dem Amtsgericht eine Schuld von ca. 2.300.000,- MARK an.

Aus der Zwangsversteigerung erlöste die Bank knapp 700.000,- MARK und hat, da es sich ja um keine schlechten Bankkaufleute handelt, nun möglicherweise einen gerichtlich attestierten Verlustvortrag von 1.600.000,- MARK, weil niemand Willens war, nur 2 Dokumente zu prüfen. Der von der Bank bis zur Zwangsversteigerung angerichtete Schaden beläuft sich auf 597.993,- MARK

Am 06.08.1999 schreibt die „Fränkische Landeszeitung" daß die damals selbständige Sparkasse, kurz vor der Pleite stand. Auf diese geschilderte Weise, verschafft sich ein öffentlich rechtliches Kreditinstitut, Kapital.

Handwerker haben goldenen Boden

1979 finanzierte eine Bank einer Handwerkerfamilie 117.000,- MARK. Monatlich waren bei 6,75 % Zins – 750,- MARK Leistung vereinbart, was bei einem Einkommen von 2.000,- MARK Netto und 3 kleinen Kindern schon relativ hoch ist.

Dies muß die Bank erkannt haben, wollte aber, daß es nicht sofort offenkundig wird, weshalb sie 15 Monate lang die vereinbarte Leistungen nicht abbuchte, sondern auf den Darlehenssaldo aufschlug. Eine Vorgehensweise, wie ich sie bereits bei anderen Bankinstituten kannte.
1980 fertigte man einen neuen Darlehensvertrag , diesmal über 130.000,- MARK mit 9,5 % Zinsen, bei einer Leistung von 750,- MARK !. Da 9,5% Zins aus 130.000,- MARK monatlich bereits 1.029,17 MARK kosten und noch kein Pfennig getilgt ist, läuft das Konto naturgemäß auf.

1981 verkauft man dann den Kreditnehmern einen Bausparvertrag über 245.000,- MARK und köderte diesen mit dem Versprechen, wir zwischenfinanzieren und nach 3 Jahren braucht ihr nur noch 4,5 % Zinsen zu zahlen. Da 245.000,- MARK ebenfalls 9,5 % Zinsen im Jahr 23.275,- MARK kosten, also praktisch die gesamten Einkünfte, buchte man diese auf ein sogenanntes Annuitäten-Zuschuss-Darlehen, um es dort erneut zu verzinsen. Mitnichten bekamen die Kreditnehmer 245.000,- MARK zur Verfügung gestellt. Diese wurden lediglich verzinst! Die Bausparkasse des Verbundes löste mit der Zwischenfinanzierung 137.000,- MARK bei der Bank ab, wodurch die Kreditnehmer annähernd 25 % Zins auf das abgelöste Kapital bezahlten.

Aus den versprochenen 3 Jahren Zwischenfinanzierung wurden fast 6 Jahre, in denen den Kreditnehmern ca. 190.000,- MARK Zinsen in Rechnung gestellt waren. Bis Dezember 1998 wurden die Kreditnehmer mit 413.520,76 MARK Zinsen belastet. Wohlgemerkt für 117.000,- MARK im Jahre 1979. !

Darauf haben sie 387.744,88 MARK Leistung erbracht, so daß rein rechnerisch noch nicht einmal die Zinsen bezahlt sind. Möglicherweise sind die Kreditnehmer mit der Tilgung ihrer Schuld im Jahre 2025, wenn sie dann 85 Jahre alt sind und nach einem Aufwand von ca. 1,1 Millionen MARK, fertig.
Alles für 117.000 MARK! Gell, die sind schlau, die Füchse.

Ein betrügerischer Fall

20 Jahre lang lebte ein Zweigstellenleiter einer Sparkasse mit seinem Kreditnehmer in froher Eintracht nebeneinander. Sie waren persönlich befreundet, spielten jahrelang Skat und verbrachten einen Familienurlaub in Holland.

1990 wurde das Wohnhaus des Kreditnehmers, aus welchen Gründen auch immer, zwangsversteigert. Auch mußte er anschließend die eidesstattliche Versicherung (Offenbarungseid) leisten, das heißt seine Vermögensverhältnisse sind offengelegt worden. Da er jedoch nichts mehr besaß, konnte ihm auch nichts mehr genommen werden.

1992 erhält dieser Kreditnehmer von der Staatsanwaltschaft einen Strafbefehl in Höhe von 1.000,- MARK weil er eine Festgeldanlage in Höhe von 37.500,- MARK, datiert auf den 14.01.1981 nicht angegeben hatte. Der Kreditnehmer legte Widerspruch ein und zum Beweis seiner These hatte die Staatsanwaltschaft vor dem Amtsgericht eine Urkunde vom 20.11.1980 vorgelegt, in der diese Festgeldanlage vorausgehend mit 86.375,- MARK angelegt wurde, jedoch mit einer gefälschten Unterschrift des Kreditnehmers.

Die Richterin milderte auf fahrlässig ab, da sie der Meinung war, wenn jemand am 20.11.1980 - 86.375,- MARK Festgeld angelegt hat, kann er am 14.01.1981 durchaus noch 37.500,- MARK gehabt haben, und dies nur nicht mehr wissen und bestätigte durch Urteil diese 1.000,- MARK. Der Einwand der gefälschten Unterschrift interessierte sie nicht.

Im Berufungsverfahren vor dem Landgericht können vier geladene Banker nicht den Nachweis erbringen, daß der Kreditnehmer von einer Festgeldanlage wissen konnte. Aber wie kommt es, daß die Staatsanwaltschaft über eine Urkunde zur Festgeldanlage verfügt, in dem die Unterschrift des Zweigstellenleiter und die gefälschte Unterschrift des Kreditnehmers vorhanden ist ?.

Ganz einfach:
1978 gewährte die Deutsche Ausgleichsbank dem Kreditnehmer ein zinsgünstiges Darlehen, wobei die Bank nur treuhänderisch tätig war, denn die DtA unterliegt dem öffentlichen Interesse.
Am 20.11.1980 buchte der Zweigstellenleiter die Restschuld in Höhe von 86.375,- MARK aus dem Girokonto, aber nicht um die Kreditschuld bei der DtA zu tilgen, sondern auf ein internes Festgeldkonto. Gleichzeitig wurden 3 Darlehenskonten vom Zweigstellenleiter mit insgesamt 86.375,- Mark eröffnet wobei 40.000,- MARK wieder auf das Girokonto des Kreditnehmers floß und teuer verzinst und getilgt wurde. Alle Transaktionen wurden mit gefälschten Unterschriften des Kreditnehmers

durchgeführt, der von nichts eine Ahnung hatte und brav seine Zinsen und Tilgungen zahlte, denn das Vertrauen war ja da.

Ein eigenartiger Verdacht läßt sich aber nicht ganz ausräumen, denn der Schwiegervater des Zweigstellenleiters gewann ungewöhnlich oft im Lotto. Böse Gerüchte behaupten, daß jedesmal, wenn der Zweigstellenleiter ein Konto plünderte, der Schwiegervater im Lotto gewann.

Der Zweigstellenleiter fungiert seit 25 Jahren als Gemeinderat, seine Tochter ist Gerichtsvollzieherin und sein Bruder ein angesehener Justizangestellter im Gefängnis, weshalb der Zweigstellenleiter als „ehrenwerter Mann" zum Schöffen an ein Landgericht berufen wurde.

Aufschwung Ost, oder die sichere Existenzvernichtung:

1992 erstellt eine Bank einem schon in DDR Zeiten tätigem Autohändler zum Bau eines neuen Autohauses einen Finanzierungsplan über 12 Millionen MARK.
Mit 16 Millionen MARK Sicherheiten, Grundschulden, Bürgschaften, Abtretungen, Lebensversicherungen gibt sie sich zufrieden.

Wer aber glaubt, der Autohändler bekam seine zinsgünstigen 12 Millionen MARK, der hat sich getäuscht. Ihm wurden 8,0 Millionen MARK ausbezahlt und den Rest als Kreditlinie im teuren Kontokorrent eingeräumt. Dies war zugleich der sogenannte Betriebsmittelkredit. Nun sind Kontokorrentkredite das ungeeignetste Instrument langfristige Vermögenswerte zu finanzieren, was sich bereits kurze Zeit später bemerkbar machte, denn die Zinsansprüche der Bank wurden monatlich abgerechnet, so daß ein überproportionaler Zinssatz ergab trotz ausreichender Absicherung . Der Autohändler hatte das Geld verbaut und somit kein Kapital mehr um seine Autos zinsgünstig vorzufinanzieren. Nach 6 Jahren schweren Schaffens bot sich die Bank als Retter in der Not an.

Heute sind seine Mitarbeiter durch die „Vermittlung" der treusorgenden Bank Eigentümer eines schönen neuen Autohauses, das sie günstig erwarben und der Autohändler um mehrere Millionen MARK ärmer. Möglicherweise auch um diese Erfahrung reicher. „Wenns um Geld geht, Vorsicht Bank".

10.
Vermögensbildung der anderen Art – St(r)andort Deutschland

Das Problem, mit dem sich die von Banken oder Sparkassen geschädigten Menschen bisher vor Gericht konfrontiert sahen war, daß sie nur sehr schwer beweisen konnten, welches Spiel die Geldinstitute mit ihnen und ihrer Existenz gespielt hatten, denn wie sollten sie die bankinternen Vorgänge dokumentieren und bewerten. So war es für die Geldinstitute leicht, die Schuld an Pleiten und Konkursen einseitig auf die Existenzgründer abzuladen. Man machte zu geringe Auftragslage, zu hohe Privatentnahmen oder schlicht und einfach generelles Mißmanagement für das Scheitern verantwortlich. Die Rolle der Banken und Sparkassen blieb dagegen im Dunkeln.

Dieses änderte sich drastisch, als Hans Peter Eibl von der Insolvenzhilfe Schuldnerberatung Banken- und Sparkassengeschädigter Immobilienbesitzer und Selbständiger auf die Idee kam, anhand einer von Banken benutzten Software ein nutzerorientiertes PC-Programm zu entwickeln. Dieses PC-Programm erlaubt es jedem, ohne große

Komplikationen die Fehler seiner Bank und der daraus resultierenden Differenzen aufzudecken.

Wenden Sie sich an Herrn Eibl, wenn Sie professionelle Beratung und Analyse suchen :

Hans Peter Eibl, Insolvenzhilfe Schuldnerberatung Banken- und Sparkassengeschädigter Immobilienbesitzer und Selbständiger, 74348 Laufen a. N., Tel/Fax : 07133-21680.

In meinem Fall faßte Herr Eibl seine Untersuchungen folgendermaßen zusammen :

Die Existenzgründung von Dietmar Woikowski wurde 1985 mit Mitteln der DtA und LfA gefördert. 1988 wurde der Betrieb durch die Hypo-Bank ruiniert. Heute produziert Herr Woikowski mit ca. 13 Personen erfolgreich, was allein schon darüber Auskunft gibt, daß seine Geschäftsidee und sein Know-How als Handwerker nicht von vornherein zum Scheitern verurteilt waren.

Die Erstellung des Vergleichskontos, was wäre wenn, gibt Aufschluß über die wahren Hintergründe der Liquidierung :

Von insgesamt ca. 2.200 Buchungen der Hypo-Bank im Falle D. Woikowski sind :

ca. 750 Belastungen vor Buchung, davon 145 an Samstagen, Sonntagen und an Feiertagen, d.h. nicht an Arbeitstagen der Bank und ca. 150 Gutschriften nach Buchung, davon 28 an Samstagen, Sonntagen und Feiertagen, ebenso an Nicht-Bankarbeitstagen, feststellbar.

Von drei unterschiedlichen jeweils verbindlich zugesagten Darlehensangeboten sind letztlich „nur" 783.000,- MARK Darlehen geflossen.

Damit reduzierten sich die drei Darlehenszusagen jeweils :

1. Zusage
1.350.000,- zuzüglich 150.000,- Eigenkapital = 567.000,- MARK weniger zur 1. Finanzierungszusage

2. Zusage
1.248.000,- zuzüglich 90.000,- Eigenkapital = 465.000,- MARK weniger als zur 2. Finanzierungszusage und

3. Zusage
878.000,- zuzüglich 90.000,- Eigenkapital = 95.000,- MARK weniger als zur 3. Finanzierungszusage.

Hier wird der IST-VERLAUF dokumentiert :

um	HYPO Darl. 142	ERP Darl. 150	HYPO Darl. 011	HYPO Darl. 177	LfA Darl. 169	LfA Darl. 134	ERP Darl. 185	Saldo kumul
8.85	133.000,00							133.000,00
8.85	6.500,00							139.500,00
9.85	10.800,00							150.300,00
9.85	359.708,00							510.008,00
9.85	33.600,00							543.608,00
9.85	5.800,00							549.408,00
0.85	15.000,00							564.408,00
0.85	28.000,00							592.408,00
0.85	23.766,64							616.174,64
1.85	24.156,54							640.331,18
2.85	43.836,61							684.167,79
1.86	10.585,36							694.753,15
2.86		200.000,00						894.753,15
2.86	48.483,68							943.236,83
3.86	-200.000,00							743.236,83
3.86	7.424,42							750.661,25
4.86	50.198,96							800.860,21
6.86	19.139,79							820.000,00
9.86				30.000,00				850.000,00
0.86			70.000,00					920.000,00
1.86					16.000,00			936.000,00
1.86						284.000,00		1.220.000,00
1.86	-300.000,00							920.000,00
1.86	-70.000,00							850.000,00
1.86							183.000,00	1.033.000,00
1.86	-250.000,00							783.000,00
amt	-0-	200.000,00	70.000,00	30.000,00	16.000,00	284.000,00	183.000,00	**783.000,00**

Mit dem Zufluß von Förder-Darlehen wird das HYPO-BANK Konto 142 komplett getilgt, obwohl dieses ursprünglich als Darlehenskonto über 200.000,- MARK vorgesehen war.

Datum	Darl.142
21.03.86	-200.000,00
04.11.86	-300.000,00
11.11.86	-70.000,00
30.11.86	-250.000,00
Gesamt	-820.000,00

Um die Kontoführung störungsfrei abzuwickeln, und das Giro-Konto vorwiegend im Haben zu führen, bestand im SOLL-VERLAUF an Darlehensbedarf :

Datum	LfA Darl. 118	ERP Darl. EKH	LfA Darl. 126	HYPO Darl. 142	Saldo
12.08.85	139.500,00				139.500,00
13.09.85	10.800,00				150.300,00
16.09.85		300.000,00			450.300,00
16.09.85	60.000,00				510.300,00
18.09.85	33.600,00				543.900,00
27.09.85	6.100,00				550.000,00
02.10.85			15.000,00		565.000,00
17.10.85			28.000,00		
21.10.85			24.000,00		617.000,00
30.12.85			35.000,00		652.000,00
15.01.86			25.000,00		677.000,00
13.02.86			50.000,00		727.000,00
03.04.86			73.000,00		800.000,00
30.12.87				100.000,00	900.000,00
Gesamt	250.000,00	300.000,00	250.000,00	100.000,00	**900.000,00**

Bis 21.10.1985 besteht zwischen IST- und SOLL-VERLAUF ein nahezu identischer Kapitalbedarf. Ab 11.11.1985 besteht im IST-VERLAUF erhöhter Kapitalbedarf, welcher sich per 03.04.1986 vorübergehend ausgleicht. Danach differieren IST- und SOLL-VERLAUF zu Kundenlasten erheblich.

Per 30.09.1988 wird im IST-VERLAUF geltend gemacht / wäre im SOLL-VERLAUF möglich gewesen :

	IST-VERLAUF	SOLL-VERLAUF	DIFFERENZ
Giro 711	-175.521,02	1.996,67	177.517,59
Darl. 118	-0-	-235.000,00	-235.000,00
Darl. 150	-200.000,00	-300.000,00	-100.000,00
Darl. 040	-68.862,73	-0-	68.872,73
LfA	-0-	-235.200,00	-235.200,00
Darl. 177	-29.375,04	-0-	29.375,04
Darl. 142	-0-	-100.000,00	-100.000,00
Darl. 169	-16.000,00	-0-	16.000,00
LfA	-284.000,00	-0-	284.000,00
Ges.-verbindlichk	-956.758.79	-868.433,63	**88.325,16**

In der Annahme, der IST-VERLAUF wäre korrekt gewesen, hätte der HYPO-BANK aus öffentlichen Mitteln 1,0 beziehungsweise 0,75 Prozent Zinsbeteiligung (vergl. Gutachten vom IFF-Institut Hamburg) aus dem Saldenstand zugestanden. Dies wären im Zeitraum bis 1988 :

Zeitraum	Darl. 150	Darl. 169	Darl. 134	Darl. 185	Kumuliert
1987		160,00	2.840,00	1.830,00	4.830,00
1988	2.000,00	160,00	2.840,00	1.676,00	6.676,00
GESAMT	4.000,00	320,00	5.680,00	3.506,00	**11.506,00**

Tatsächlich jedoch erlöste die HYPO-BANK bis September 1988 :

Zeitr.	Giro 711	Darl. 142	Darl. 11	Darl. 177	Darl. 150	Darl. 169	Darl. 134	Darl. 185	kumuliert
Jul 1985	126,11								126,11
Aug 1985	82,44	516,20							724,75
Sep 1985	55,33	2.121,33							2.901,41
Okt 1985	57,21	3.787,18							6.745,80
Nov 1985	57,38	4.136,46							10.939,64
Dez 1985	-0-	4.372,91							15.312,55
Jan 1986	-0-	4.685,60							19.998,15
Feb 1986	90,50	5.032,65							25.121,30
Mar 1986	12,99	4.934,02							30.068,31
Apr 1986	304,22	3.620,07							33.992,60
Mai 1986	551,08	3.635,20							38.178,88
Jun 1986	425,77	3.732,96							42.337,61
Jul 1986	380,55	3.750,83							46.468,99
Aug 1986	396,77	3.750,83							50.616,59
Sep 1986	499,80	3.750,83							54.867,22
Okt 1986	-0-	3.750,83	943,93	579,17					60.141,15
Nov 1986	45,56	2.112,10	405,42	173,75					62.877,98
Dez 1986	1.998,30		405,42	173,75					65.455,45
Jan 1987	1.741,56		403,05	173,32					67.773,38
Feb 1987	1.134,32		403,05	173,32					69.484,07
Mar 1987	294,56		403,06	173,32		80,00	1.420,00	915,00	72.770,01
Apr 1987	793,36		403,05	173,32					74.139,74
Mai 1987	973,30		403,05	173,32					75.689,41
Jun 1987	1.099,94		403,05	173,32					77.365,72
Jul 1987	1.535,00		403,05	173,32					79.477,09
Aug 1987	875,59		403,05	173,32					80.929,05
Sep 1987	1.970,70		403,05	173,32		80,00	1.420,00	915,00	85.891,12
Okt 1987	1.644,85		403,05	173,32					88.112,34
Nov 1987	797,58		403,05	173,32					89.486,29
Dez 1987	1.107,77		403,05	173,32					91.170,43
Jan 1988	1.387,43		405,19	171,55					93.134,60
Feb 1988	1.592,50		398,83	171,55					95.297,48
Mar 1988	1.914,93		398,83	171,55		80,00	1.420,00	915,00	100.197,79
Apr 1988	1.645,03		398,83	171,55					102.413,20
Mai 1988	1.947,80		398,83	171,55					104.931,38
Jun 1988	1.398,07		398,83	171,55	1.000,00				107.899,83
Jul 1988	1.720,34		398,83	171,55					110.190,55
Aug 1988	1.782,54		398,83	171,55					112.543,47
Sep 1988	1.720,14		398,83	171,55		80,00	1.420,00	915,00	117.248,99
GESAMT	34.161,32	57.690,0	10.187,2	4.550,46	1.000,00	320,00	5.680,00	3.660,00	117.248,99

Rechnet man die Zahlen zusammen, so erlöste die HYPO-BANK im selben Zeitraum über **105.000,- MARK** mehr, als aus der ursprünglich geplanten Finanzierung zu erwarten war.
Dies bedeutete neben der von Anfang an vorhandenen Finanzierungslücke von mindestens 95.000,- MARK einen Kapitalverlust, der zwangsläufig zur Insolvenz des Unternehmens D. Woikowski führen mußte.

In der Tat haben wir es hier mit Vermögensbildung der „anderen Art" zu tun; nämlich mit Mitteln der Deutschen Ausgleichsbank und der Bayrischen Landesanstalt für Aufbaufinanzierung.
Wer wundert sich noch darüber, daß jedes Jahr neue Pleitenrekorde zu vermelden sind ?
Im Fall von Dietmar Woikowski, so schreibt Herr Eibl, hätte die Bank aus geplanter 20jähriger Gesamtlaufzeit ca. 53.000,- MARK Zinsbeteiligung erhalten :

1987-1988	11.506,- MARK
1989-1997	31.746,- MARK
1998-2008	9.640,- MARK
53.000,- MARK	Zinsbeteiligung

Stattdessen gelang es der Bank aber bereits über 1.200.000,- MARK, also weit über eine Million MARK zu „erwirtschaften". Nicht zu vergessen ist dabei, daß das Geldinstitut darüber hinaus auch noch an die 600.000,- MARK geltend macht.

Können Sie hier noch ausrechnen, wieviel Prozent Gewinn die Bank machte?

Vergleicht man diese gigantischen Gewinnzahlen mit dem normalerweise angefallenen Gewinn, scheint das Puzzle sich zu vervollständigen. Man muß sich fragen, ob das mit staatlichen, oder sollte man formulieren „stattlichen" staatlichen Mitteln geförderte „Unternehmer-legen" insofern Sinn macht, da es stattliche Gewinne abwirft.

Wer profitiert davon?

Dieses geschieht im Grunde ohne Risiko, denn das „Unternehmer-legen" findet unter gütiger Mitwirkung der Deutschen Gerichte zum Wohle unseres St(r)andortes Deutschland statt.

Bei der Betrachtung der rechtlichen Grundlagen stellt sich vor allem die Frage nach der Beratungspflicht der Banken und Sparkassen. Ich habe einige Analysen und Gutachten von unabhängigen Instituten anfertigen lassen, u. a. vom renommierten Institut für Finanzdienstleistungen e. V. in Hamburg. Viel zu oft kommen Prozesse gegen Geldinstitute allein deshalb nicht in Betracht, weil die Geschädigten am Ende ihrer Mittel, am Ende ihrer physischen und psychischen Kräfte sind. Analysen, Beratungen, Gutachten, Rechtsvertretungen und Prozesse kosten viel Geld und Zeit und Kraft und wer hat als Bankengeschädigter noch Geld, Zeit und Kraft

Ich habe dennoch nicht aufgegeben und konnte für meinen Fall einige Punkte einwandfrei klären lassen.

Zunächst will ich über die rechtliche Bewertung berichten. Mir war ja ein Prospekt der Hypo-Bank ins Haus geflattert, in dem ganz besonders herausgestellt wurde, daß die Hypo-Bank Existenzgründern und jungen Unternehmern als kompetente Beraterin zur Seite stehen würde. Gerade das Angebot der Beratung hatte mich überzeugt und ich hatte Kontakt aufgenommen.

Die Hypo-Bank hatte gemeinsam mit mir einen detaillierten Finanzierungsplan aufgestellt und die Beantragung aller öffentlichen Kredite übernommen. Sie war Punkt für Punkt über die vorgesehene Entwicklung meines Betriebes informiert. Ich benötigte die Bank keinesfalls nur, um die öffentlichen Gelder zu beantragen, sondern ich setzte auf ihre Fachkenntnisse und ihre Unterstützung. Selbstverständlich wollte ich eine langfristige Geschäftsbeziehung eingehen. Die Hypo-Bank war die alleinige Hausbank meines Unternehmens.

Hinsichtlich der Rechtsprechung hat der Bundesgerichtshof entschieden, daß die Banken eine gewisse Beratungspflicht haben, das heißt, daß bei der Beantragung und Durchführung einer Finanzierung insbesondere anläßlich einer Existenzgründung wie bei meinem Betrieb ein Beratungsvertrag zustande kommt. Aus diesem Beratungsvertrag entstehen Haftungsfolgen für die Bank. Sie wird in die Verantwortung genommen.

Hierzu zwei Zitate:

„Macht ein Anlageinteressent einer Sparkasse gegenüber deutlich, daß er deren Kenntnisse und Verbindungen für seine Anlageentscheidung in Anspruch nehmen will, und geht die Sparkasse darauf ein, kommt ein Auskunfts- oder sogar Beratungsvertrag mit Haftungsfolgen zustande"
(BGH NJW 1987, Leitsatz 1)

„Die Beratung der Bank muß richtig und sorgfältig, dabei für den Kunden verständlich und vollständig sein, die Bank muß zeitnah über alle Umstände unterrichten, die für das Anlagegeschäft von Bedeutung sind. Fehlen ihr derartige Kenntnisse, so hat sie das dem Kunden mitzuteilen und offenzulegen, daß sie zu einer Beratung z. B. über das konkrete
Risiko eines Geschäfts mangels eigener Information nicht in der Lage ist"
(BGH WM 1993, 1455, 1456)

Dabei bezieht sich die Beratungspflicht der Bank nicht nur auf Geldanlagen, sondern selbstverständlich auch auf Finanzierungen und Kredite, wobei noch eine besondere Rolle spielt, ob der Bankkunde Fachmann in Finanzierungsfragen ist oder nicht. Welcher Existenzgründer ist neben dem Aufbau seines jeweiligen Geschäftes außerdem noch Fachmann für Finanzierungen? Wäre er es, wäre er doch wahrscheinlich Banker geworden!

Den Nicht-Fachmann in Finanzierungsfragen schützt die Rechtsprechung ausdrücklich und betont, daß die Bank diesem gegenüber ein regelrechtes Spezialistenwissen hat, das sie nicht nur zu ihrem eigenen Vorteil nutzen darf. Der Existenzgründer kommt zur Bank, damit sie in diesem Punkt als Vertreterin des Staates für ihn die öffentlichen und zinsgünstigen Kredite beantragt, einen Finanzierungsplan aufstellt. Hierdurch erhält das jeweilige Geldinstitut die Möglichkeit der Neukundengewinnung- und bindung.

Existenzgründungen sind auf einen langen Zeitraum ausgelegt, nicht auf das schnelle Abcashen, an dem die Geldinstitute weit mehr Interesse zu haben scheine. Sie gehen kaum ein Risiko ein, beteiligen sich kaum an der Finanzierung, lassen zudem ihre geringe Beteiligung doppelt und dreifach zum Beispiel durch Grundbucheinträge absichern. Im Falle des Falles verdienen sie an der Versteigerung der Objekte und Grundstücke. Da dieser Verdienst sehr viel höher ausfällt, als die normal geplante Finanzierung und außerdem sehr viel schneller zu Buche schlägt, liegt rechtlich gesehen auch ein Interessenkonflikt vor:

Für wen handelt die Bank ? Für ihren Kunden oder für sich selbst ? Und hatte der Kunde sich nicht in Treu und Glauben auf die Beraterqualitäten und die Loyalität der Bank ihm gegenüber verlassen ?

Ist eine Bank in vollem Umfang über den Finanzierungsplan unterrichtet, hat sie diesen sogar selbst mit aufgestellt, sogar den Unternehmensberater dafür empfohlen, dann muß ihr bekannt sein, daß die verzögerte Auszahlung der öffentlichen Kredite schließlich und endlich zum Zusammenbruch des jungen Unternehmens zwangsläufig führen muß. Kein Existenzgründer ist in der Lage, die hohen und nicht eingeplanten Zinsen der sogenannten Bank-Zwischenkredite zu zahlen. Es kommt zwangsläufig zu Liquiditätsproblemen und letztendlich viel zu oft unnötigerweise zum Zusammenbruch des Unternehmens, da die Bank vor allem ihren Gewinn sieht und die Existenzgründung nicht wirklich unterstützt.

Zu untersuchen ist daher, ob und inwiefern Banken ihren Beratungs- und Aufklärungspflichten nicht nachkommen und inwiefern sie dadurch in Haftung genommen werden, also Unternehmern auch Schadenersatz zahlen müssen.

Das Institut für Finanzdienstleistungen, Hamburg, schreibt in meinem Gutachten :

„Wegen dieser großen Vorteile der Existenzgründungsfinanzierung insbesondere über öffentliche Kredite ist anzunehmen, daß eine Bank selbst dann noch ein besonderes Interesse daran haben kann, ein Unternehmen zu finanzieren, wenn das Konzept nicht unbedingt tragfähig ist und daher im Ergebnis die Gründung scheitert. Zumindest mit der Immobilie, die oft von der Bank selbst ersteigert wird, läßt sich meist noch ein gutes Geschäft machen.

Dieser Mißbrauchsgefahr kann nur dadurch begegnet werden, daß den Banken, die öffentliche Kredite vermitteln, besonders hohe Aufklärungs-

und Beratungspflichten auferlegt werden, um jeden Anschein eines übermäßigen Eigeninteresses zu vermeiden."

In meinem Fall hat nicht nur das Konzept, sondern sogar auch die Auftragslage gestimmt, und dennoch gelang es der Hypo-Bank durch die teure sogenannte Zwischenfinanzierung und den immer mehr zunehmenden Druck – zum Schluß mußte ich alle drei Tage Abrechnungen und Planungen bei der Bank vorlegen - meine Unternehmensgründung zu torpedieren . Die Hypo drehte mir wie berichtet sozusagen den Strom ab.

11.

The Show must go on –
Talkshows und Briefe an Politiker/innen
Der Bundesverband der Bankkunden e.V.

In all den Jahren, in denen sich mein Leben einzig darum drehte, in dem ungleichen Kampf mit der Hypo-Bank wenigstens zu überleben, sagte ich mir immer und immer wieder, daß zwei Dinge dringend notwendig wären :

1. Die Vorgänge über die ich Zeugnis ablegen konnte, der Öffentlichkeit zugänglich zu machen, denn ich war davon überzeugt, daß ich gerade kein Einzelfall war, sondern daß es eine Vielzahl ähnlich gelagerter Fälle geben müßte, eine Vielzahl von Menschen, die ähnlich von einer Bank geschädigt worden waren und

2. einen Verein zu gründen der die Interessen der Bankkunden vertreten würde, denn es kann nicht angehen, daß der eine Partner vom anderen Partner sehr viel mehr weiß als umgekehrt. Ich sagte mir, daß man die Banken auch dahingehend untersuchen und werten sollte, wie ihr Dienstleistungsbewußtsein dem Kunden gegenüber ausgeprägt war, wie

sie sich um den Aufbau von Betrieben bemühten oder – wie im Fall der Hypo-Bank – gerade nicht um den Aufbau, sondern im Grunde um den Konkurs junger Betriebe bemühten.

Ich begann also Telefonate zu führen und Briefe zu schreiben.

Ich kämpfte um die Existenz und das Überleben meiner Familie.

Ich meldete mich u.a. bei der SPD, der CSU, beim Deutschen Bundestag, beim Bayrischen Landtag, bei der Bayrischen Staatskanzlei, beim Präsidenten des Bundesaufsichtsamtes für das Kreditwesen, beim Zentralverband des Deutschen Handwerks (ZDH), bei der IHK – der Industrie- und Handelskammer, bei der Rechtsanwaltskammer in München usw.

Es war oft schwierig, die Zeit für diese teils umfangreichen Korrespondenzen noch zusätzlich zu finden, aber ich motivierte mich immer wieder, denn obwohl mir so mancher abschlägige Brief ins Haus flatterte, spürte ich doch, daß heimlich viele angesprochene Menschen mit mir und meinem Betrieb sympathisierten. Sie waren es, die mir immer wieder Mut machten und mir auch Hinweise und Tips gaben. So kam ich sehr schnell in Kontakt mit dem renommierten Hamburger Institut von Professor Dr. Reifner. So wurde ich auch in die Sendung von Ilona Christen eingeladen und konnte dort meinen Fall schildern, obwohl von Seiten der Hypo-Bank noch kurz vor dem Sendetermin alles probiert wurde, mich unter Androhungen einer Unterlassungs-/Verpflichtungserklärung in Höhe von 25.000,- MARK, einschließlich Kosten der Rechtsanwälte, zum Schweigen zu bringen. Ich lernte auch immer mehr Menschen kennen, die ebenso wie ich die Banken für zu seriös gehalten hatten und ihnen vertraut hatten. Ich war in der Tat kein Einzelfall.

Die vielen Kontakte mit der Öffentlichkeit, auch dem Fernsehen, führten natürlich auch oft zu großen Hoffnungen und diese Hoffnungen wurden auch so manches Mal enttäuscht.

So kamen beispielsweise Fernsehreporter der Redaktion „Frontal" vom Zweiten Deutschen Fernsehen auf mich zu und informierten sich ausführlich über meinen Fall. Leider wurde der sehr umfassend recherchierte Fernsehbericht nie gesendet. Ich habe bei meinen Nachfragen nur Andeutungen zu hören bekommen, und mußte einmal wieder an die Äußerungen des Anwaltes der Hypo-Bank denken : „Diese Bank ist so mächtig, die kann machen, was sie will !"

Mein Auftritt in der Sendung von Ilona Christen kam durch den Kontakt zu den Printmedien zustande. Die Talkshow trug den Titel : „ Banken – die Abzocker der Nation !"

Ich schaue mir auch heute noch ab und zu das Video an, das mir die Redaktion nach der Sendung schenkte : Es ist schon bezeichnend und spricht für sich daß kein einziger Vertreter einer Bank sich bereitfand als Gast in dieser Sendung aufzutreten. Wieder und wieder mußte Ilona Christen fadenscheinige Entschuldigungsschreiben von Bankenvertretern vorlesen. Leider könne man ausgerechnet an diesem Termin nicht kommen usw. In meinem Fall versuchte noch kurz vor der Sendung die Hypo-Bank massiv gegen mein Erscheinen vorzugehen. Die Hypo-Bank drohte mit dieser Unterlassungs-/Verpflichtungserklärung wenn ich über das sprechen würde, was mir geschehen war. Auch Professor Reifner wurde mit einer gleichen Unterlassungserklärung in der selben Höhe bedroht, sogar die Redaktion von Ilona Christen bekam ein Warnschreiben der Hypo-Bank. Wir ließen uns nicht einschüchtern, sondern nahmen voll und ganz in der Sendung Stellung. Als ich später zu Hause ein weiteres Schreiben der Hypo-Bank erhielt, in dem mir wegen möglicher Rufschädigung der Bank Strafgeld angedroht wurde, glitt dieses Schreiben schon aus einem einzigen Grunde regelrecht an mir ab. Die Bank hatte sich dafür wirklich den ganz Falschen ausgesucht. Ich war immerhin von dieser Bank derartig geplündert worden, daß ich mir keinerlei Sorgen darüber machen mußte, woher ich die 25.000,- MARK nehmen sollte. <u>Die gab es nicht !</u> Herr Professor Reifner wandte sich in einem öffentlichen Brief an die Hypo-Bank in dem er ihr mitteilte „Ich werde keine Unterlassungserklärung unterschreiben und weiter meine Kritik an die Kreditpolitik vieler Banken gegenüber Mittelständlern äußern – auch im Fall Hypo-Bank."

So habe ich auf dieses Schreiben nicht geantwortet, und auch danach in dieser Angelegenheit nichts mehr von der Hypo-Bank gehört.

Ich schrieb von den Hoffnungen, die man sich macht, wenn man an die Öffentlichkeit herantritt. So erschien es mir wie ein Lichtpunkt, daß Ilona Christen am Ende der Sendung sagte, die Kanzlei Sasse und Rossbach, die für RTL die Vorbereitung erledigt hatte, habe sich angeboten, für mich gegen die Hypo-Bank alle Prozesse zu führen. Sie sähen sehr gute Chancen, daß ich gemeinsam mit ihnen den Prozeß gewinnen würde. Man kann sich kaum vorstellen, was diese Zusage in mir auslöste, hatte ich doch all die Jahre über kaum genügend finanzielle Mittel gehabt, juristisch wirklich vorgehen zu können. Wir mußten alles selbst bezahlen.

Aber nach der werbeintensiven Zusage direkt in der Sendung von Ilona Christen ließ die Münchener Kanzlei nichts weiter von sich hören. Ich wunderte mich und sandte ihnen ein freundliches Schreiben, das ich anbei abdrucke :

DIETMAR WOIKOWSKI
PERMERING 5
84416 TAUFKIRCHEN / Vils

Dietmar Woikowski Permering 5 84416 Taufkirchen

Kanzlei
Sasse u. Rossbach
Herzogstr. 58

80803 München

Ihr Zeichen	Ihre Nachricht	Mein Zeichen	Datum
PL		D/W-sassel	04.04.1997

Betr :
Ilona Christen/ - Banken. Abzocker der Nation- 4000/1615

Sehr geehrte Damen und Herren

wie Sie wissen trat ich als Talk-Gast in der obigen Sendung auf wobei Sie sich öffentlich angeboten haben meinen speziellen Fall zu übernehmen

Da ich mich bereits mehrmalig dezent bemüht habe mit Ihnen in Kontakt zu kommen, jedoch bis dto keine Resonanz erhalten habe so erscheint mir der Eindruck daß Sie diese Aussage nicht Ernst genommen zu haben

Bitte teilen Sie mir freundlichst mit ob Sie noch zu Ihrem Wort stehen ?

Für Ihre Bemühungen im voraus besten Dank

Mit freundlichen Grüßen

Postwendent erhalte ich nun diesen 2-seitigen scheußlich Brief Dabei möchte ich ihnen mitteilen das kein einziges Telefonat, wie das von Herr Dr Fuchs angegeben wurde, geführt worden ist Mein darauf folgendes Schreiben vom 14 04 1997, indem ich die Leistung dieser Kanzlei hoch anrechnete, blieb in diesen 2 Jahren, bis zum heutigen Tag, unbeantwortet und ich hörte nie wieder was von dieser Kanzlei

---

HELGE SASSE   **CLAUDIA ROSSBACH**
RECHTSANWÄLTE IN ÜBERÖRTLICHER SOZIETÄT

RAE SASSE & ROSSBACH 80803 MÜNCHEN HERZOGSTRASSE 58

Herrn
Dietmar Woikowski
Permering 3-5

84416 Taufkirchen

BÜRO MÜNCHEN:
DR CLAUDIA ROSSBACH
GEORG HOSS
DR ULRICH FUCHS

HERZOGSTRASSE 58
80803 MÜNCHEN
TELEFON (0 89) 33 68 40
TELEFAX (0 89) 33 82 08

BÜRO KÖLN:
HELGE SASSE
ALEXANDER ABEL

BRÜSSELERSTRASSE 87/EG
50672 KÖLN
TELEFON (02 21)951 40 1-0
TELEFAX (02 21)951 40 1 11

München,
09.04.1997uf-pl
1997/00033/FU

Woikowsky ./ Hypo Bank

Sehr geehrter Herr Woikowski,

zunächst bestätige ich den Erhalt Ihres Schreibens vom 04 04 1997, bei uns eingegangen am 08 04 1997, und nehme hierzu wie folgt Stellung:
Wie ich Ihnen bereits zu wiederholten Male telefonisch mitgeteilt hatte, erfordert der uns von Ihnen unterbreitete Fall angesichts des äußerst komplizierten und sich über etliche Jahre erstreckenden Sachverhalts einer umfangreichen juristischen Aufarbeitung, die naturgemäß einen erheblichen Zeit- und Arbeitsaufwand mit sich bringt Darüber hinaus verwahre ich mich gegen den in Ihrem Schreiben vermittelten Eindruck, wir seien in dieser Sache bislang noch nicht tätig geworden Ich erinnere Sie nur an die zweistündige Besprechung in unserer Kanzlei, und die andere Stunden beanspruchende, nachfolgende Durchsicht der von Ihnen überlassenen Unterlagen (In diesem Zusammenhang möchte ich Sie lediglich darauf hinweisen, daß wir gewöhnlich für unsere Tätigkeit einen Stundensatz von DM 450,00 in Rechnung stellen)
Eine Aufarbeitung des Falles, wie Sie sie in der Vergangenheit bereits vorgenommen hatten, genügt zur Vorbereitung eines gerichtlichen Verfahrens bei weitem nicht Sämtliche von Ihnen geschlossenen Verträge sowie der gesamte sonstige Schriftverkehr müssen auf ihre Bedeutung im Falle eines Rechtsstreits überprüft werden Wie Sie sich sicherlich unschwer vorstellen können, und wie ich Ihnen ebenfalls telefonisch bereits mitteilte, ist dieser Arbeitsaufwand nicht innerhalb von 1-2 Monaten zu bewältigen Der Fall "Woikowsky / Hypo-Bank" ist schließlich nicht das einzige Mandat unserer Kanzlei, das wir zu betreuen haben

SASSE & ROSSBACH   Rechtsanwälte   Blatt 2

Sofern Sie in Frage ziehen, ob wir "zu unserem Wort weiterhin stehen", kann ich Ihnen mitteilen, daß dies selbstverständlich der Fall ist. Dies bedeutet jedoch nicht, daß wir Ihrem Fall gegenüber unseren sonstigen Mandaten Priorität zuweisen würden, was Sie sich jedoch anscheinend, wie es zumindest dem Stil Ihres o.g. Schreibens zu entnehmen ist, vorstellen. Sollten Sie dennoch derartige Erwartungen stellen wollen, so müssen wir Ihnen raten, hiermit einen anderen Anwalt zu mandatieren.

Darüber hinaus bitte ich Sie, in Zukunft zu berücksichtigen, daß wir in der Vergangenheit auch in Ihrem Interesse und nicht nur jenem der Voice Company mit erheblichem Arbeitsaufwand tätig wurden.

Damit dies nicht in Vergessenheit gerät, möchte ich Sie lediglich darauf hinweisen, daß sich der ehemals von der Hypo-Bank gestellte Antrag auf Erlaß einer einstweiligen Verfügung nicht gegen die Voice Company, sondern gegen Sie persönlich richtete. Ohne die von uns angefertigte Schutzschrift, die für Sie kostenlos erstellt wurde, wäre dieser Verfügung mit größter Wahrscheinlichkeit stattgegeben worden mit der Folge, daß Sie persönlich die hierdurch anfallenden Prozeßkosten von mehr als DM 3.000,00 hätten tragen müssen.

Ferner ließen Sie uns auch das Schreiben der Hypo-Bank, mit welchem Sie zur Abgabe einer Unterlassungserklärung aufgefordert wurden, zukommen und nahmen daraufhin meine diesbezügliche telefonische Beratung in Anspruch. Auch diese Tätigkeit hatte mit der Ausstrahlung der Sendung und der Bearbeitung des Falles "Woikowsky ./. Hypo" nichts zu tun, sondern stellte ein neues Mandat dar. Kosten für den hierfür angefallenen Arbeitsaufwand, die sich nach § 118 BRAGO ebenfalls auf über DM 3.000,00 belaufen hätten, wurden von unserer Seite ebenfalls nicht in Rechnung gestellt.

All dies möchte doch in dem zukünftigen Geschäftsverkehr mit unserer Kanzlei Berücksichtigung finden.

Sobald wir mit der Aufarbeitung des Sachverhalts in Ihrer Sache abgeschlossen haben, werde ich Ihnen eine erste Einschätzung der Erfolgsaussichten einer Klage zukommen lassen.

Mit freundlichen Grüßen

Dr. Ulrich Fuchs
Rechtsanwalt

Von dem Angebot dieser Rechtsanwaltskanzlei hatte auch Herr Harald Güller, SPD Landtagsabgeordneter in Bayern, gehört und gratulierte mir dazu.

Es stellte sich dann in den kommenden Wochen und Monaten heraus, daß ich mit Unterstützung der Kanzlei nicht rechnen konnte Ich zeige ihnen den letzten Briefwechseln, die die Entwicklung verdeutlichen soll Leider blieb auch mein letztes Schreiben unbeantwortet

BAYERISCHER LANDTAG
ABGEORDNETER
HARALD GÜLLER (SPD)

Harald Güller · Sonnenstraße 4 · 86356 Neusäß

Dietmar Woikowski
Penmering 5

84416 Taufkirchen/Vils

Maximilianeum
81627 München
Telefon (089) 41 26-26 56

Sonnenstraße 4
86356 Neusäß
Telefon (08 21) 45 10 44
Telefax (08 21) 45 10 49

Bürgerbüro:
Konrad-Adenauer-Allee 51
86150 Augsburg
Telefon (08 21) 3 49 01 30
Telefax (08 21) 3 49 01 31

Augsburg, den 18. Februar 1997

Verhalten der Bayerischen Hypotheken- und Wechselbank bei Finanzierungen
Hier: Ihr Schreiben vom 19.2.1997 Sendung in RTL

Sehr geehrter Herr Woikowski,

mit Interesse habe ich die Sendung von Ilona Christen am 14 Februar 1997 in RTL verfolgt.

Ich freue mich, daß Sie von Frau Christen am Ende der Sendung die Zusage erhalten haben, daß sich der Anwalt von RTL Ihrer Angelegenheit annimmt. Ich hoffe, daß nunmehr auf diesem Wege eine für Sie persönlich zufriedenstellende Lösung der Angelegenheit erreicht werden kann.

Mit freundlichen Grüßen

Harald Güller MdL

DIETMAR WOIKOWSKI
PERMERING 5
84416 TAUFKIRCHEN / Vils

Dietmar Woikowski   Permering 5   84416 Taufkirchen

An den
Abgeordneten Harald Güller
Konrad-Adenauer-Allee 51

86150 Augsburg

Ihr Zeichen	Ihre Nachricht	Mein Zeichen	Datum
	18.02.97	spd10	18.05.1997

Betr.:
Verhalten der Bayerische Hypotheken und Wechselbank bei Finanzierung

Sehr geehrter Herr Güller

herzlichen Dank für Ihre Anteilnahme an meiner Angelegenheit in obiger Sache.

Wie sich herausstellte diente dieses Angebot des Anwalts von RTL in meiner Sache tätig zu sein nur aus werbetechnischen Gründen. Bis auf eine kurze Besprechung wurde ich laufend von dieser Kanzlei abgewimmelt und in einem Schreiben sogar mitgeteilt, daß ich Froh sein könne noch keine Kosten zu haben.
Die Redaktion Frontal vom ZDF hat zwischenzeitlich Fernsehaufnahme und Recherchen in meinem Fall durchgeführt mit sehr interessanten Ergebnissen. Ich weiß daß das mir gegen diese Bank keine sichtliche Hilfe bedeutet jedoch scheint mir dies die einzige Möglichkeit zu sein mir psychisch zu entlasten und auf diesen rechtlichen Mißstand hinzuweisen.

Derzeit hat die Hypo-Bank einen Haftbefehl gegen mich erwirkt, da ich die Aussage über die Verwendung meines niedrigem Gehaltes, verweigerte. Mir droht nun eine 6-monatige Gefängnisstrafe.

Es ist sehr erstaunlich wie diese Bank die staatlichen Fördermittel für die eigene Bereicherung mißbrauchen kann und daß mit Hilfe der Justiz und der Allgemeinheit

Da die SPD die einzige Partei ist die sich für meine Belange angagierte und insbesonders Sie, kann evtl. doch noch politische Einwirkung in der Gesetzgebung erfolgen der dieses juristische Neuland auch für andere regelt.

In der stillen Hoffnung weiterhin mit Ihrer evtl. Hilfe rechnen zu können verbleibe ich
mit freundlichen Grüßen

Der Kontakt mit den einzelnen Vertretern der Parteien verlief immer ähnlich. Man war voller Verständnis, ja sogar Sympathie für mich und meinen ehemaligen Betrieb, aber mit wirklicher Hilfe konnte ich nicht rechnen, obwohl ich inzwischen durch das speziell für meine ursprüngliche Einzelfirma angefertigte Gutachten durch das IFF-Institut, beweisen konnte daß die Hypo-Bank sich nicht korrekt verhalten hatte. Dieses Gutachten wurde über mehrere Jahre ausgearbeitet und angefertigt sowie sehr ausführlich beschrieben. Ich korrespondierte u.a. mit Renate Schmidt von der SPD, mit Eduard Moser von der SPD, mit Herrn Dr. Leben von der CSU, und drucke hier stellvertretend dafür drei Schreiben ab, die die Sinnlosigkeit dieser Aktion darstellen sollen. Schreiben an die FDP und den Gründen blieben unbeantwortet.

Bayern SPD
LANDTAGSFRAKTION

Die Vorsitzende

Bayern SPD Landtagsfraktion Maximilianeum 81627 München

Herrn
Dietmar Woikowski
Permering 5

84416 Taufkirchen/Vils

Maximilianeum
81627 München

Tel (089) 41 26 - 0
Fax (089) 41 26 - 13 51

Bankverbindung
Sparda-Bank München eG
(BLZ 700 905 00)
Konto 1 244 442

10 10 96
av
Tel   4126-2134
Fax 4126-1266

Sehr geehrter Herr Woikowski,

für die Übersendung des Gutachtens vom Institut für Finanzdienstleistungen e.V. danke ich Ihnen.

In der SPD-Landtagsfraktion sind nun mein Kollege Harald Güller und der Vorstandsreferent Herr Harald Zeidler mit der Sache befaßt. Ich habe Ihr Schreiben an Herrn Güller weitergeleitet, der sich gerne mit Ihnen in Verbindung setzen wird.

Mit freundlichen Grüßen

Renate Schmidt

Bayern SPD

BayernSPD-Landtagsfraktion · Maximilianeum · 81627 München

Herrn
Dietmar Woikowski
Permering 5

84416 Taufkirchen

SPD-Landtagsfraktion

Fraktionsvorsitzende
Renate Schmidt

- Persönlicher Referent -

27.02.1996
Telefon: 089/4126-2385
Telefax: 089/4126-1266

Sehr geehrter Herr Woikowski,

ich bestätige den Eingang Ihres Schreibens vom 19.02.1996

In Anbetracht des hohen volkswirtschaftlichen Schadens, der durch die Banken bzw. skrupellose Vermittler angerichtet wird, hat die Angelegenheit natürlich auch eine politische Dimension. Allerdings bleibe ich bei meinem Standpunkt im Schreiben vom 11.02.96. Die Politik kann lediglich Rahmenbedingungen setzen, nicht aber Einfluß auf privatrechtliche Kreditverträge nehmen.

Es wird hier von der Politik etwas verlangt, was nicht machbar ist - es sei denn, man wollte Zustände zurück, die mit dem Zusammenbruch der ehemaligen DDR Vergangenheit sind, nämlich, daß sich der Staat in alle privaten Angelegenheiten einmischt.

Ich betrachte unsere Korrespondenz damit als beendet.

Mit freundlichen Grüßen

Eduard Moser
Persönlicher Referent
der Fraktionsvorsitzenden

Maximilianeum · 81627 München (für Briefe)
Max-Planck-Straße 1 · 81675 München (für Paketsendungen)
Tel (089) 4126-0 Telefax (089) 41261351 Telex 5 24 836 TTX 89 80932
Stadtsparkasse München (BLZ 701 500 00) Kto -Nr 904 207 917
Sparda Bank München aG (BLZ 700 905 00) Kto Nr 1 244 442

BAYERN SPD

Christlich-Soziale Union in Bayern

CSU

Wirtschafts- und Finanzpolitik

Franz Josef Strauß-Haus
Nymphenburger Straße 64
80335 München
Telefon 0 89 / 12 43-272
Telefax 0 89 / 12 43-292

Herrn
Dietmar Woikowski
Permering 5

84416 Taufkirchen

13. Februar 1996

Sehr geehrter Herr Woikowski,

Ihr Schreiben vom 5. Februar 1996 habe ich wie auch Ihre Unterlagen, die Sie mir zu einem früheren Zeitpunkt zugesandt haben, erhalten und aufmerksam gelesen. Aus meiner Sicht kann ich zu dem geschilderten Fall insofern keine Stellung nehmen, als daß ich nicht befugt bin, von der Bayerischen Hypotheken- und Wechselbank eine Stellungnahme anzufordern. Sie werden sicherlich verstehen, daß für eine sorgfältige Überprüfung stets auch die Meinung der Gegenseite zu hören ist. Aufgrund des bestehenden Bankgeheimnisses kann ich die dazu notwendigen Auskünfte selbstverständlich nicht einholen.

Allerdings kann ich Ihnen versichern, daß ich die von Ihnen geschilderten Vorgänge sehr aufmerksam zur Kenntnis genommen habe und von hier aus das Bankenverhalten gegenüber mittelständischen Existenzgründern und Unternehmern weiterhin mit großem Interesse beobachten werde.

Mit freundlichen Grüßen

Dr. Burkhard Leben

Bayerische Vereinsbank München
(BLZ 700 202 70) Kto 800 725
Postgiroamt München
(BLZ 700 100 80) Kto 4203 - 808

Für Herrn Dr. Edmund Stoiber, bayerischer Ministerpräsident, antwortete Herr Schmidbauer, Oberregierungsrat der bayerischen Staatskanzlei, daß mein Anliegen unverzüglich und mit dem Hinweis der äußersten Dringlichkeit an die zuständige Stelle weitergeleitet worden sei So erhielt ich dann auch bald darauf einen Brief vom Bayrischen Staatsministerium für Wirtschaft, Verkehr und Technologie Herr Schmidbauer faßte diesen Vorgang dann auch in einem weiteren Brief an mich zusammen

---

Bayerische Staatskanzlei

A I 2d-0122-96-1120-5
(Im Antwortschreiben bitte angeben)

München, 21. März 96
Durchwahl Nr
(089) 2165 2456

Herrn
Dietmar Woikowski
Permering 5

84416 Taufkirchen

Sehr geehrter Herr Woikowski!

Herr Ministerpräsident Dr. Edmund Stoiber läßt Ihnen für Ihr Schreiben vom 11.03.1996 danken.

Wenn Ihr Anliegen richtig verstanden wurde, steht für Sie im Vordergrund eine rechtliche Beratung, die den Rechtsanwälten vorbehalten ist. Soweit Sie Ausführungen machen, die im Zusammenhang mit der Bankenaufsicht über private Banken, wie die Bayerische Hypo-Bank, stehen, darf Sie die Bayerische Staatskanzlei auf die Beschwerdestelle des Bundesverbandes Deutscher Banken e.V., Moorenstr. 35 - 41, 50670 Köln, hinweisen.

Damit nichts unversucht bleibt, wurde Ihr Schreiben dem mit Ihrem Anliegen und mit Angelegenheiten der Bankenaufsicht befaßten Bayerischen Staatsministerium für Wirtschaft, Verkehr und Technologie übermittelt. Sollte dort eine Möglichkeit gesehen werden, Ihnen zu raten, wird sich das Wirtschaftsministerium unmittelbar mit Ihnen in Verbindung setzen.

Auf die von Ihnen geltend gemachte Eilbedürftigkeit wurde hingewiesen.

Mit freundlichen Grüßen
Im Auftrag

Schmidbauer
Oberregierungsrat

Bayerische Staatskanzlei

Nr A I 2d-0122-96-1120-10+11
(Im Antwortschreiben bitte angeben)

München, 24. März 97
Durchwahl-Nr
(089) 2165 -2456

Herrn
Dietmar Woikowski
Permering 5

84416 Taufkirchen/Vils

Probleme mit der Bayerischen Hypotheken- und Wechselbank
Zu Ihren Schreiben vom 05 02 1997 und 13 02 1997

Sehr geehrter Herr Woikowski,

die Bayerische Staatskanzlei hat Ihr Schreiben erhalten, mit dem Sie ein Gutachten zu Ihren Problemen mit der Bayerischen Hypotheken- und Wechselbank übermitteln

Wie Ihnen das Bayerische Staatsministerium für Wirtschaft, Verkehr und Technologie mit Schreiben vom 15 04 1996 mitgeteilt hat, sieht es mangels eigener bankenaufsichtlicher Kompetenzen keine Möglichkeit, den von Ihnen geschilderten Sachverhalt zu überprüfen. Die Überprüfung und Bewertung muß dem Bundesaufsichtsamt für das Kreditwesen überlassen bleiben

Mit freundlichen Grüßen
Im Auftrag

Schmidbauer
Oberregierungsrat

In dieser Situation war das Bundesaufsichtsamt für das Kreditwesen (BfdK) in Berlin, für mich selbstverständlich, wie auch der Petitionsausschuß des Deutschen Bundestages ein sehr wichtiger Ansprechpartner weil ich gehofft hatte hier Hilfe zu erwarten.

Um so entsetzter war ich, als ich lesen mußte, daß beide Gremien meine Beschwerde über die Hypo-Bank ablehnten, da sie der Meinung waren, die Auseinandersetzung gehöre in den privatrechtlichen Bereich.

Wörtlich heißt es dazu in der Begründung des Petitionsausschusses :

„Der Ausschuß ist der Auffassung, daß es sich bei dem Anliegen des Petenten um privatrechtliche Auseinandersetzungen mit dem Kreditinstitut handelt, über die das Bundesaufsichtsamt nach den Vorschriften des Gesetzes über das Kreditwesen nicht befinden kann und daher zu Recht aufsichtliche Maßnahmen abgelehnt hat. ..... Der Ausschuß bedauert, die in ihn gesetzten Erwartungen nicht erfüllen zu können. Er empfiehlt, das Petitionsverfahren abzuschließen, da er dem Anliegen des Petenten nicht Rechnung tragen kann."

Das Bundesaufsichtsamt für das Kreditwesen bezog sich nun auf die Entscheidung des Petitionsausschusses :

„Der Petitionsausschuß hat mir darüber hinaus inzwischen mitgeteilt, daß der Deutsche Bundestag am 5. Dezember 1996 in seiner 145. Sitzung auf Empfehlung des Petitionsausschusses vom 29. November 1996 beschlossen habe, das Petitionsverfahren abzuschließen.

Unter diesen Umständen sehe ich keine Möglichkeit, in Ihrer Angelegenheit weiter tätig zu werden Ich möchte Sie daher bitten, künftig von weiteren Eingaben abzusehen," schrieb der Vertreter des Bundesaufsichtsamtes für das Kreditwesen.

Das waren bittere Nachrichten. Ebenso erging es mit dem Zentralverband des Deutschen Handwerks (ZDH), dessen Rückantwort ich hier zur Diskussion stelle :

ZENTRALVERBAND DES DEUTSCHEN HANDWERKS
JOHANNITERSTRASSE   HAUS DES DEUTSCHEN HANDWERKS   53113 BONN

Herrn
Dietmar Woikowski
Permering 5

84416 Taufkirchen

Bonn, 21 März 1996

Sehr geehrter Herr Woikowski,

im Auftrag von ZDH-Präsident Späth bestätigen wir Ihnen den Eingang Ihres Schreibens vom 17 03

Der Zentralverband des Deutschen Handwerks vertritt die Interessen von Deutschlands zweitgrößtem Wirtschaftsbereich gegenüber Bundesregierung, Bundestag und obersten Bundesbehörden sowie gegenüber den Gremien der Europäischen Union Vor diesem Hintergrund bitten wir um Verständnis, daß es uns nicht möglich ist zu Ihrem Anliegen Stellung zu nehmen Sollte Ihr Betrieb in die Handwerksrolle eingetragen sein, stellen wir anheim, sich an die zuständige Handwerkskammer zu wenden

Mit freundlichen Grüßen

(Ass Hans Bernd Ditscheid)
Abtlg Koordinierung der Handwerkspolitik

Auch der Bayrische Landtag betrachtete die Auseinandersetzung zwischen der Hypo-Bank und mir als eine privatrechtliche, und war sozusagen damit aus dem Schneider, denn in Privatangelegenheiten können sich öffentliche Stellen ja nicht einmischen Hier zwei Schreiben mit gleicher Bearbeitungsnummer durch Herrn Ministerialrat Miller und Herrn Oberregierungsrat Dr. Unterpaul, das ich abschließend erhielt

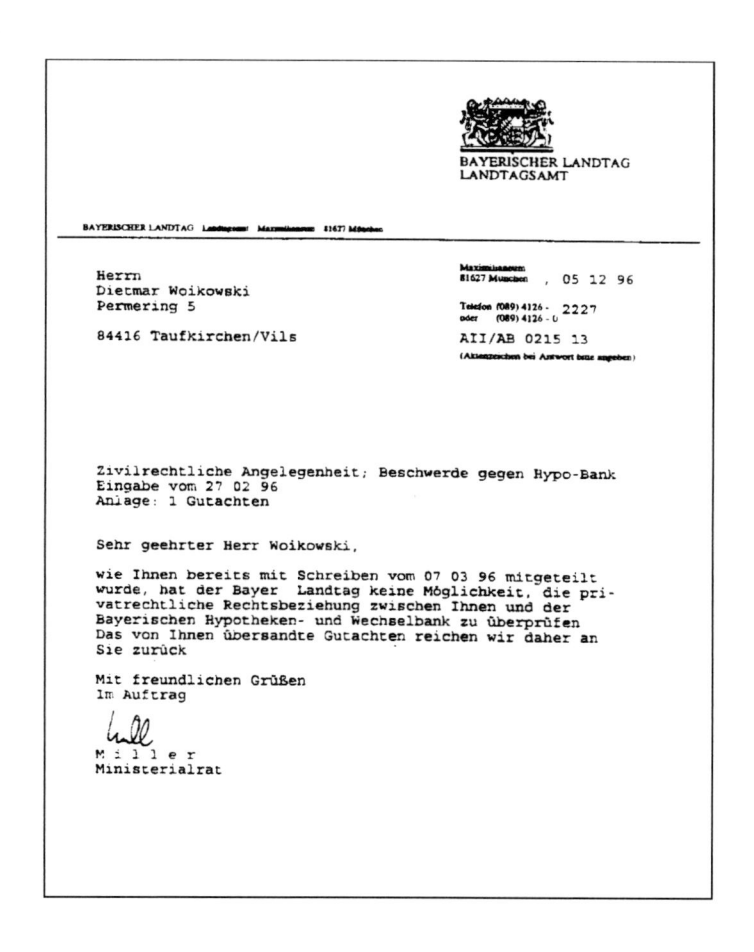

BAYERISCHER LANDTAG
LANDTAGSAMT

BAYERISCHER LANDTAG Landtagsamt Maximilianeum 81627 München

Herrn
Dietmar Woikowski
Permering 5

84416 Taufkirchen/Vils

Maximilianeum
81627 München, 05 12 96

Telefon (089) 4126 - 2227
oder (089) 4126 - 0

AII/AB 0215 13
(Aktenzeichen bei Antwort bitte angeben)

Zivilrechtliche Angelegenheit; Beschwerde gegen Hypo-Bank
Eingabe vom 27 02 96
Anlage: 1 Gutachten

Sehr geehrter Herr Woikowski,

wie Ihnen bereits mit Schreiben vom 07 03 96 mitgeteilt wurde, hat der Bayer Landtag keine Möglichkeit, die privatrechtliche Rechtsbeziehung zwischen Ihnen und der Bayerischen Hypotheken- und Wechselbank zu überprüfen Das von Ihnen übersandte Gutachten reichen wir daher an Sie zurück

Mit freundlichen Grüßen
Im Auftrag

Miller
Ministerialrat

BAYERISCHER LANDTAG
LANDTAGSAMT

BAYERISCHER LANDTAG Landtagsamt Maximilianeum 81627 München

Herrn
Dietmar Woikowski
Permering 5

84416 Taufkirchen/Vils

Maximilianeum
81627 München , 07.03.96

Telefon (089) 4126 2277 Dr. Unterpaul
oder (089) 4126 - 0

AII.AB.0215.13

(Aktenzeichen bei Antwort bitte angeben)

Zivilrechtliche Angelegenheit; Beschwerde gegen Hypo-Bank
Eingabe vom 27.02.96
Anlage: Ihre Unterlagen in Rückgabe

Sehr geehrter Herr Woikowski,

die in Ihrem o.g. Schreiben geschilderte Geschäftsbeziehung
mit der Hypo-Bank ist eine privatrechtliche Angelegenheit,
auf die der Bayerische Landtag keinen unmittelbaren Einfluß
nehmen kann. Da an dem Vorgang offensichtlich keine Behörden
des Freistaates Bayern beteiligt sind, ist eine Behand-
lung Ihres Vorbringens als Petition nicht möglich.

Die Aufsicht über das Handeln der Geschäftsbanken obliegt
allein dem Bundesaufsichtsamt für das Kreditwesen. Dessen
Anschrift lautet:

    Bundesaufsichtsamt für das Kreditwesen
    Reichpietschufer 74 - 76
    10785 Berlin

Die uns übersandten Unterlagen reichen wir Ihnen zu Ihrer
weiteren Verwendung zurück.

Mit freundlichen Grüßen
Im Auftrag

Dr. Unterpaul
Oberregierungsrat

Kommunikation
Telefax (089) 4126-1768
Telex 529015

Öffentliche Verkehrsmittel
U-Bahn U4/U5 Max-Weber-Platz
Straßenbahn 19 Maximilianeum

Paketanschrift
Max Planck-Straße 1
81675 München

- Umweltfreundlich. 100 % Altpapier -

Meine Dokumentation zu diesem Punkt will ich mit zwei Schreiben der IHK, der Industrie- und Handelskammer für München und Oberbayern, abschließen denn sonst würde es den gesteckten Rahmen für dieses Buch sprengen wenn ich alle weitere Schriften belegen wollte.

In diesen beiden Schreiben scheint Verständnis für meinen Betrieb und mich durch, aber man kann halt nichts machen, heißt es immer wieder

> Industrie- und Handelskammer für München und Oberbayern
>
> Herrn
> Dietmar Woikowski
> Permering 5
>
> 84416 Taufkirchen/Vils
>
> Postanschrift:
> 80323 München
> Hausanschrift:
> Max-Joseph-Straße 2
> 80333 München
> Telefon (0 89) 51 16-0
> Durchwahl (0 89) 51 16-4 66
> Telefax (0 89) 51 16-4 67
>
> Ihr Zeichen: D/W-ihk2
> Ihre Nachricht vom: 30 11 96
> Unser Zeichen: III Oh-has
> Datum: 19 12 96
>
> Sehr geehrter Herr Woikowski,
>
> unsere Informationen haben ergeben, daß alle einschlägigen Institutionen mit Ihrem Fall bereits befaßt gewesen sind. Wir bitten Sie daher um Verständnis, daß wir keinen Ansatzpunkt für die Einschaltung der Industrie- und Handelskammer für München und Oberbayern sehen.
>
> Mit freundlichen Grüßen
>
> Industrie- und Handelskammer
> für München und Oberbayern
> i A
>
> Georg Osterhammer

Industrie- und Handelskammer für München und Oberbayern

Herrn
Dietmar Woikowski
Permering 5

84416 Taufkirchen

Postanschrift:
80323 München
Hausanschrift:
Max-Joseph-Straße 2
80333 München
Telefon   (0 89) 51 16-0
Durchwahl (0 89) 51 16-466
Telefax   (0 89) 51 16-467

Ihr Zeichen	Ihre Nachricht vom	Unser Zeichen	Datum
D/W-ihk3	31.12.96	III Oh-has	10.01.97

Beschwerde gegen die Bayerische Hypotheken- und Wechselbank AG

Sehr geehrter Herr Woikowski,

uns wundert, daß Sie bisher keine Antwort bzw. Stellungnahme erhalten haben, obwohl Sie neben anderen einschlägigen Institutionen auch das primär zuständige Bundesaufsichtsamt für das Kreditwesen eingeschaltet haben.

Die Industrie- und Handelskammer für München und Oberbayern hat keinerlei Aufsichtsbefugnisse, sondern lediglich eine Schlichtungstätigkeit auf freiwilliger Basis, die jedoch von seiten der Hypo-Bank abgelehnt wird.

Wir sehen daher keine Möglichkeit, uns in der Angelegenheit einzuschalten, empfehlen Ihnen jedoch, eine Antwort vom Bundesaufsichtsamt für das Kreditwesen zu erwirken.

Mit freundlichen Grüßen

Industrie- und Handelskammer
für München und Oberbayern
i. A.

Georg Osterhammer

Diese Erfahrungen machte nicht nur ich, sondern identische Erfahrungen machten auch alle anderen Betroffenen, mit denen ich in Kontakt kam. Was lag näher, als zu versuchen, einen Verein zu gründen der die sogenannte Lobby des Mittelstandes vertritt.

Das Problem der so notwendigen Vereinsgründung war natürlich gegeben, denn es gab und gibt sehr viele ähnliche Fälle wie es mir geschehen war. Deshalb vergingen Jahre der Gründung des Bundesverbandes der Bankkunden e.V., aber niemand hatte bis jetzt Zeit und auch das Geld für den Aufbau dieses Vereines. Als einer der zehn Gründungsmitglieder dieses Vereines bin ich mir sicher, daß eines Tages dieser Verein als kritischer Bankbetrachter seiner Stellung gerecht werden wird.
Sie sehen hier die Internethomepage des Verbandes mit ihren aktuellen Informationen sowie der Deckblattentwurf für die Verbandszeitung.
Bitte unterstützen sie diesen Verband mit ihrer Hilfe.

Bundesverband der Bankkunden   http://www.bundesverband-der-Bankkunden.de/index.html

Bundesverband der Bankkunden e.V.

Sitz: Bad Vilbel - Hauptgeschäftsstelle: Worth 6a - 48249 Dülmen
Tel. (02594) 791004 - Fax. 791006

Vertrauen
Das Problem
Die Lösung
Gemeinsamkeit

Geschäftsstellen
Satzung
Spenden

Aufnahmeantrag
- Änderungsmitteilung
Feedback

Öffentlichkeitsarbeit

Bankkunden-News
Rechtsprechung

über Fachthemen
von Fachautoren

email an uns:

Herzlich willkommen auf unserer INTERNET-HOMEPAGE

Nutzen Sie die Chance, sich der Gemeinschaft der Bankkunden anzuschließen,
um im

"Kräftespiel der gegensätzlichen Interessen von Bank und Kunde"

nicht stets der Unterlegene zu sein!

Lesen Sie unsere laufenden Infomationen, Tips und Ratschläge. Wir wollen als
starke Gemeinschaft den Banken gegenübertreten können und mitwirken an Rechtsgrundlagen, Allgemeinen Geschäftsbedingungen, politischen Entscheidungen, Insolvenzproblemen durch Banken und sonstige Öffentlichkeitsarbeit entsprechend unserer Satzung.

Da es kaum jemanden in unserem Land gibt, der nicht schon Probleme mit seinem Kreditinstitut hatte, wird es höchste Zeit, eine Lobby zu bilden, die auch in der Lage ist Mißstände auszusprechen und zu verfolgen.

Wir bedanken uns schon jetzt für Ihr Interesse und nehmen gerne Ihre Anregungen und Hinweise auf.

Da wir noch im Aufbau befindlich sind, bitten wir um etwas Geduld auch hinsichtlich des Angebotes auf unseren Seiten.

Sie sind der **219**. Besucher seit dem 10. Oktober 1998.

Unsere E-mail lautet:
postmaster@bundesverband-der-bankkunden.de

Bundesverband der Bankkunden e.V.

Jahrgang 1, Ausgabe 1

Datum des Magazins

BANKKUNDENREPORT

IN DIESER AUSGABE:

Steuerflucht nach LG	2
Zinsschere	2
Wertstellung	2
Artikel Innenseite	3
Artikel Innenseite	4
Artikel Innenseite	5
Artikel Innenseite	6

Themen in dieser Ausgabe:

† Stellen Sie hier kurz das Thema vor.

† Stellen Sie hier kurz das Thema vor.

† Stellen Sie hier kurz das Thema vor.

† Stellen Sie hier kurz das Thema vor.

Wußten Sie:

Von 1971 bis 1995 stiegen die Ausgaben eines 4 Personenhaushalts für identische Dienstleistungen der Kreditwirtschaft von 3,36 DM auf 162,48 DM pro Jahr an; das sind satte 4736 % Steigerung. Zum Vergleich: Der Preisindex für die Lebenshaltung aller privaten Haushalte hat sich im gleichen Zeitraum um lediglich 135 % erhöht. (Quelle: Taschenbuch Bankentricks von Udo Keßler)

EINE LOBBY MUSS ENDLICH HER

INFORMATIONEN UND WARNUNGEN ALLEIN BRINGEN FÜR BANKKUNDEN UND DEREN VERMÖGENSINTERESSE KEINEN AUSREICHENDEN SCHUTZ

EIN BERICHT VON JOACHIM MEIS – GRUNDUNGS- UND VORSTANDSMITGLIED

Pressespiegel
»*Die Mehrzahl der Deutschen glaubt immer noch an die Objektivität der Bankberater wie Kinder an den Weihnachtsmann*« Hans Zinken, Herausgeber und Chefredakteur von DM. »*Die Beratung der Banken ist mehr als dürftig*« **Finanztest**. »*Anlagen-Berater: Lügen, tricksen, ignorieren*« **DM**. »*Bankgebühren: Feilschen statt Vertrauen*« **Focus**. »*Wie moderne Raubritter*« **Die Zeit**. »*Keine Branche geht so ruppig mit ihrer Kundschaft um, wie die Kreditwirtschaft*« **FAZ**.
Diese kleine Auswahl von Presseberichten zeigt, wie es um die Moral von Banken und Sparkassen bestellt ist. Komplettiert werden diese Negativberichte durch eine Reihe literarischer Werke z.B. Bankentricks... von Udo Keßler (ECON Verlag).

Der (ohnmächtige) Bankkunde. Selbst eine Flut von Informationen und Warnungen in allen Medien und auch der Verbraucherorganisationen haben bislang nichts daran ändern können, das Jahr für Jahr zahlreiche Bankkunden vertrauensselig auf Banken und Sparkassen hereinfallen und diese dann Milliarden an ihrer Kundschaft verdienen (siehe oben).

Rechtliche Grundlagen.
Banken und Sparkassen nutzen gezielt ihre wirtschaftliche und intellektuelle Überlegenheit gegenüber ihrer Kundschaft aus und verwenden eine Fülle von vorformulierten Verträgen (Allgemeine Geschäftsbedingungen, AGB) mittels der sie alle rechtlichen Vorteile schon im Vorfeld einer möglichen späteren Auseinandersetzung an sich ziehen.

Der Gesetzgeber geht nämlich grundsätzlich von der liberalen Rechtsauffassung aus, das gleichwertige und gleichberechtigte Partner, im Wege individueller Vereinbarungen, die für beide Partner optimalen vertraglichen Regelungen treffen, so daß das Bürgerliche Gesetzbuch (BGB) weitgehend unverbindlich ist und meist nur zur Anwendung kommt, wenn keine AGB vereinbart sind. Die Annahme des Gesetzgebers ist jedoch bezogen auf das AGB der Banken und Sparkassen falsch. Jedenfalls ist nirgends bekannt, das Bankkunden daran mitgewirkt haben sollen. Gleichwohl sind sie ihrer Rechte nach dem BGB erst einmal weitgehend beraubt bzw. diese sind durch die einseitigen AGB ersetzt.

Ausweg über Gerichte
Den Bankkunden bleibt im Falle einer Auseinandersetzung mithin nur der Weg zu den Gerichten, wenn man aus derartigen AGB-Verträgen (unbeschadet) wieder herauskommen will. Nun ist es bekanntlich auch so, daß das Streitverhalten bei uns Menschen unterschiedlich ist. Ein an sich friedfertiger Mensch muß schon sehr entschlossen sein, wenn er seinem Kontrahenten einen Satz warme Ohren verpassen soll. Und im Streit mit einer mächtigen Bank oder Sparkasse, von der womöglich Abhängigkeit besteht, ist die Angst vor der eigenen Courage im allgemeinen noch größer. Wer will schon gerne einen Prozeß gegen eine übermächtige Bank verlieren? Auch kann ein Rechtsanwalt nicht vorhersagen, wie der Streit ausgeht, höchstens was der kosten wird und das ist von vielen schon nicht aufzubringen. Überdies spielt auch die Coura-

ge und Gesinnung der beteiligten Juristen eine Rolle, denn auch sie sind Menschen mit ganz natürlichen Bedürfnissen und haben Geschäftsbeziehungen zu Banken. Ein Rechtsanwalt der zugleich auch Notar ist, sieht in Banken seine Kundschaft, steht also obendrein im Interessenkonflikt. Dennoch sind mittlerweile dank einiger couragierten Bankkunden und standfesten Juristen eine Reihe gerichtlicher Entscheidungen zu Gunsten von Bankkunden ergangen, die beweisen, das Banken und Sparkassen mit ihren AGB den vom Gesetzgeber gewährten Freiraum zuweilen reichlich mißbrauchen.

Der fehlende Schutz.
Banken sind auffallend gut organisiert und haben mit ihren Verbänden eine starke Lobby mit der sie auf Politik, Gesetzgebung und Rechtsprechung einwirken, um ihre Interessen zu schützen. Die Bankkunden sind dagegen bis heute nicht organisiert. Sie kümmern sich prinzipiell nur um sich selbst, sind deshalb unterlegen und wehrlos. Der BdB möchte das ändern, möchte die Bankkunden in sich vereinen, sie damit stärken, für deren Interessen in der *Politik* intervenieren, bei der *Gesetzgebung* mitwirken und die *Rechtsprechung* auf rechtswissenschaftlichem Gebiet unterstützen. Kurz: Er will zum *Pendant* der *einflußreichen* Bankenverbände werden und die Vermögensinteressen der Bankkunden schützen. Dies ist ein Weg den *jeder* Bankkunde unterstützen sollte, der sich wünscht von seiner Bank als gleichwertiger und gleichberechtigter Partner behandelt und nicht fortlaufend ausgetrickst zu werden. JM

175

12.
Den Krallen der Bank entkommen ?
- Schlußbemerkung

Mit der Gründung meines eigenen Betriebes hatte sich für mich ein Traum erfüllt, eine Vision war Wirklichkeit geworden. Viele Jahre hatte ich in meine Ausbildung investiert. Meine Existenzgründung war in mehreren Jahren sorgfältig und gewissenhaft auch mit Unterstützung und Beratung von ausgewiesenen Fachleuten vorbereitet worden. Die Prognosen – auch die der Bank – waren durchweg positiv. Der Finanzierungsplan, die Genehmigung der öffentlichen Fördergelder mit günstigem Zinssatz und natürlich die hervorragende Auftragslage meiner Firma ließen mich positiv in die Zukunft blicken, und motivierten mich, für meine Familie, meine Mitarbeiter und mich ein Unternehmen aufzubauen. Aber aus dem Traum wurde ein Alptraum, aus der Vision eine Schreckensvision, denn die Bank entpuppte sich schon nach kurzer Zeit als eine Art Trojanisches Pferd in meinem Betrieb. Keinen fairen und verläßlichen Partner hatte ich da. Keine Berater, die mich wirklich objektiv berieten, sondern Rechenmaschinen, die nur daran interessiert zu sein schienen, den Profit auf ihrer Seite so schnell wie möglich und so hoch wie möglich zu gestalten.

„Untergrenzen müssen eingehalten werden!" hieß es da, als die Bank mit 375 Prozent Gewinn rechnete.

Diesen Alptraum einer Existenzgründung konnte ich bis jetzt nur deshalb wirtschaftlich überleben, weil hinter mir eine sehr gesunde Firma und einsatzfreudige Mitarbeiter stehen. Unsere Leistungen sind von sehr guter handwerklicher Qualität. Es gibt somit keine Beanstandungen von unseren Kunden und daher auch kaum finanziellen Ausfall.

Wir entwickeln mit großer Kreativität Möbelstücke im Exklusivbereich. Unsere Mitarbeiter arbeiten mit sehr hoher Motivation und Einsatzfreude, und mit diesem sehr hohen auch zeitlich gesehenen Einsatz haben wir uns eine hervorragende Positionierung auf dem Markt erarbeitet. Das ist uns nicht geschenkt worden. Wir haben hart dafür gearbeitet, aber es hat geklappt.

In der Zeit des Existenzaufbaus bis zum heutigen Tage habe ich viele Erfahrungen gemacht, positive und negative. Die negativste war die mit der Hypo-Bank. Es war nicht gut, die Hypo-Bank als Partner für meinen Betrieb auszusuchen. Vielleicht kann ich mit der Schilderung meiner Erfahrungen Menschen helfen, die selbst kurz vor einer Existenzgründung stehen und überlegen, welche Bank sie zu ihrem Partner machen wollen. Ich meine damit Menschen, die aus dem Nichts oder aus kleinen Verhältnissen eine Initiative entwickeln wollen.

Trotz der sehr negativen Erfahrung mit der Hypo-Bank kann ich mir mein Leben ohne Selbständigkeit nicht mehr vorstellen, obwohl das Berufsleben dann sehr viel Zeit in Anspruch nimmt und es kaum noch ein Privatleben gibt. Für die Familie und Hobbys bleibt kaum noch Zeit.

Wenn ich zurückblicke, dann scheint es mir so, daß ich gegen einen übermächtigen Goliath gekämpft habe, der aber nicht aus eigener Kraft oder Berechtigung so mächtig ist, sondern einzig und allein durch sein Geld. Einer der Rechtsanwälte der Hypo-Bank sagte wie schon an anderer Stelle zitiert :
„Diese Bank ist so mächtig. Sie kann alles machen !"
Eine Zeitlang schien es auch so, als ob da Leute (fast) alles machen könnten, aber die Bedingungen haben sich geändert. Die europäische Gesetzgebung räumt dem Kunden mehr Rechte ein. Es ist nicht mehr ganz so einfach für Banken. Auch sind die Kunden inzwischen viel kritischer geworden : Zu viele Skandale hat es gegeben. Zu viele Äußerungen der Arroganz. Aber gerade diese Äußerungen sind es auch, die mich immer motiviert haben, weiterzukämpfen. Inzwischen habe ich über 6000 Belege gesammelt, die den Kampf gegen die Hypo-Bank belegen und verdeutlichen. 33 Gutachten unterstützten mich auf meinem Weg.
In meinem nächsten Buch mit dem Titel „Den Krallen entkommen" schildere ich Ihnen wie aus 690.000,- Mark Kreditsumme 800.000,- Mark Rechtskosten entstehen, und wie grausam sich eine nichtssagende

Bürgschaft, mit einer Unterschrift innerhalb von 5 Sekunden, für meinen Vater auswirkte und damit ein ganzes Leben verändert.

Last but not least werde ich schon zu einem Fachmann in Bank-Beratungsfragen und Bankkritik und bekomme einen Beratervertrag der Deutschen Ausgleichsbank.

In meinem zweiten Buch werde ich Ihnen auch schildern, welche Zuschriften mich erreichten, welches Medienecho dieses Buch auslöste und vor allem :

Wie ich mich innerlich und äußerlich aus den Krallen der Bank befreite. Das konnte nur gelingen mit und durch die Hilfe meiner Familie und meiner treuen Freunde und Mitarbeiter. Ihnen gebührt an dieser Stelle Dank.

Zum Schluß möchte ich noch meine Gründe mitteilen, warum ich dieses Buch schreiben mußte.

Niemals zuvor habe ich daran gedacht, Autor zu werden. Niemals zuvor wollte ich gegen eine Bank arbeiten und niemals zuvor sagte mir jemand, was auf mich zukommt.

Ich bin ja nur ein Schreiner und wollte Möbel entwerfen und herstellen. Ich wollte für Menschen arbeiten, die Freude an meinen Produkten haben, ihre Wohnungen einrichten und sie damit glücklich machen.

Aber es kam ganz anders. Ich habe plötzlich Dinge erkannt, die zu einem Alptraum geworden sind. Ich habe erkannt, daß ich ganz alleine bin und niemand mir den Weg zeigt, wohin das Leben führt. Ich mußte lernen, mit Dingen umzugehen, von denen ich keine Ahnung und auch nicht die dafür notwendige Schulbildung hatte. Diese bitteren Erfahrungen mußte ich mir schwer erkaufen. Auf viele schöne Dinge, die das Leben lebenswert machen, mußte ich verzichten. Urlaub und Reisen, Familienleben, Freundschaften pflegen, Weiterbildung, Freizeit und Hobbys waren nicht möglich.

Aber ich bin auf vieles stolz. Im Durchschnitt habe ich 15 Mitarbeiter gehabt für die ich verantwortlich war, denen ich die Lebensgrundlage für ihre Familien schaffte. Vom Staat bin ich nie finanziell abhängig gewesen, sondern habe immer pünktlich die Steuern bezahlt, um unseren Staatsapparat zu erhalten. Niemals war unsere Firma arbeitslos. Niemals haben wir Geld erhalten, wofür wir nicht hart arbeiteten.
Viele schöne Möbel und Ausbauten sind geschaffen worden, die Zeugnis darüber ablegen, wie kreativ und rege unser junges Team ist. Zahlreiche Referenzen und Objekte beweisen unser Fachkönnen und Wissen.

Im Laufe der vielen Jahren lernte ich auch Menschen, Firmen, Unternehmer kennen die Ähnliches erleben mußten. Denen alles genommen wurde und die jetzt von der Sozialfürsorge leben müssen. Die nicht mehr die Kraft und den Mut haben, sich zu wehren. Die nun lebenslang gebranntmarkt sind und nie wieder die Möglichkeit haben, ein Leben zu führen wie die meisten von uns. Die ums finanzielle Überleben kämpfen müssen und die von der Gesellschaft nicht mehr beachtet werden.

In meinen Recherchen für das Buch habe ich erkannt, daß es eine Vielzahl von Bücher über die Marktwirtschaft gibt. Wie man Gewinne macht und eine Firma erfolgreich führt. Zahlreiche Möglichkeiten werden angeboten, wie man sein Geld, das zumeist von Banken zinsgünstig bereitgestellt wird, investiert. Zahlreiche Autoren schreiben über ihre Firma und wie erfolgreich sie damit sind. Welche Marktbeherrschung sie damit haben und wie reich sie damit wurden.

Aber es gibt kaum Bücher oder Literatur über gescheiterte Existenzen und wie es dazu kam. 30.000 Insolvenzen und Pleiten allein in Deutschland müßten doch eine enorme Erfahrungsquelle dafür sein. Über jede Pleite oder Konkurs könnte man doch ein eigenes Buch schreiben.

Mit diesem Buch wollte ich meine Erfahrungen dokumentieren und das aus der Sicht eines Betroffenen. Wie die glänzende Medaille von hinten aussieht.

Vielleicht trägt dieses Buch dazu bei, ein besseres Verständnis untereinander zu erreichen. Mehr darüber zu reden und zu schreiben und den Weg für ein besseres Miteinander zu finden. Nicht für die Bank arbeiten, sondern mit der Bank, sollte eine Grundlage jeder Marktwirtschaft sein.

Ich schließe dieses Buch mit dem Gefühl, daß ich viele Dinge auslassen mußte, die den persönlichen, den familiären, den engsten und privatesten Bereich betreffen:
Wer könnte sich nicht vorstellen, welche Auswirkungen ein solches Verhalten einer Bank auf die familiäre Situation haben muß.

Oft kann man sich des Gefühles nicht erwehren, daß einem das einzig und allein auf Profit und wieder Profit ausgerichtete System der Hausbank (in meinem Fall die Hypo-Bank) Jahrzehnte des Lebens gekostet hat. In der Tat haben wir alle, d.h. meine Familie und ich, einen sehr hohen Preis bezahlt. Aber letztlich habe wir uns nicht unterkriegen lassen. Wir haben gekämpft, immer wieder neu angefangen, Beweise zusammengetragen, die das Unrecht dingfest machen konnte, das uns geschah und wir haben es geschafft, uns eine neue und sehr erfolgreiche Existenz aufzubauen. Auch unser eigenes Dach über dem Kopf habe wir inzwischen wieder.

Die Hypo-Bank konnte uns also wohl zusetzen, aber nicht vernichten. Im Gegenteil.

Im meinem nächsten Buch „Den Krallen entkommen" werde ich Ihnen berichten, wie unser Kampf gegen die unlauteren Methoden der Hypo-Bank im einzelnen weitergegangen ist.

DIETMAR WOIKOWSKI, 1955 in Landau/Pfalz geboren, verheiratet und Vater von drei Kindern. Ausbildung zum Schreiner als Innungsbester und als 5.bester von Oberbayern abgeschlossen, daneben Erwerb der Fachschulreife. Danach Besuch der Meisterschule mit Diplomabschluß zum Dipl. Meister im Innenausbau. Neben der Tätigkeit im handwerklichen Betrieb auch als Fachlehrer an der Berufsschule tätig. Gründung des eigenen Betriebes 1985, seit Ende 1997 Geschäftsführer der erfolgreichen Woikowski GmbH mit 10 Fachkräften und einem Jahresumsatz von ca. 3,0 Millionen Mark. Zahlreiche Interviews im Fernsehen und in den Printmedien. Gründungsmitglied des Bundesverbandes der Bankkunden e.V.

Mit staatlicher Hilfe, aus den Förderprogrammen für Existenzgründer, in Höhe von 483.000 Mark und eigenen Darlehen von 277.000 Mark, kassierte die Hypo-Bank von 1988 bis 1995 an die 1,2 Millionen Mark und fordert noch weitere 600.000 Mark. Das sind / wären 375% Gewinn in wenigen Jahren. Sie schreckte auch davor nicht zurück, zusätzlich die Zwangsräumung der Familienwohnung anzuordnen.

Dazu schrieb der 1. Bürgermeister der Gemeinde Taufkirchen an die Hypo-Bank:

Durch die für Dienstag, den 21.Juni 1994, 08.00 Uhr festgesetzte Zwangsräumung der Wohnung in Permering wird die Familie Woikowski mit den zwei schulpflichtigen Kindern obdachlos. Obdachlosigkeit stellt eine Störung der öffentlichen Sicherheit und Ordnung dar, zu deren Beseitigung die Gemeinde als Sicherheitsbehörde befugt ist. Da die Gemeinde derzeit über keine geeignete Wohnung zur Unterbringung dieser Personen verfügt, würde für diese, insbesondere für die beiden Kinder, eine Gefahr für Leben und Gesundheit drohen. Zudem würden für die minderjährigen Kinder (12 u. 10 Jahre alt) erhebliche Nachteile auftreten, wenn diese plötzlich aus ihrem sozialen Umfeld gerissen werden. Eine Einweisung in eine andere beschlagnahmte Wohnung wäre unter Abwägung der Interessen der Betroffenen bei der gegebenen Situation unangemessen.

Die Bayerische Hypotheken und Wechselbank AG, Theatinerstr. 11, 80333 München, als Eigentümerin des genannten Anwesens, vertreten durch den Rechtsanwalt Herrn Hans-Peter Imhoff, Fürstenstr. 5, 80333 München, ist der richtige Adressat dieser Verfügung, da die Zwangsvollstreckung von ihr veranlaßt wurde.